順天堂大学の最新スポーツ科学でわかった

ゴルフ　もっと飛ばす運動法則

——「ウッズ型」「エルス型」あなたに必要な体づかいとは——

順天堂大学名誉教授
川合武司

青春新書
PLAYBOOKS

はじめに

ゴルフにはさまざまな「スイング理論」が出回っています。それこそゴルファーの数だけ理論がある、といっても過言ではないでしょう。

「飛ばすことに限っても、「ストロンググリップが飛ぶ」「いや、ウィークグリップのほうが飛ばしに向いている」「2軸スイングより1軸スイング」「理想的なトップの位置は～」「フィニッシュの形は～」……うんぬんかんぬん。

どれも、それぞれの経験と実績にもとづいたスイング理論ではあると思います。理想的なスイングの最終到達点として、目指すべき一つの形ではあるでしょう。

しかし、巷にあふれる多くの理論には、運動学の専門家から見て、「これではアマチュアは身につきづらいだろうな」と思うものが少なくありません。例を挙げれば、一連のスイング動作をアドレス、テイクバック、トップ……フィニッシュなどに細切れにして「形」から覚えていくことがまさにそれ。これなどは、運動学を少しでも勉強したことがある人間であれば、体が覚えづらい方法であることがわかるはずです。まして、人それぞれ体型や体のやわらかさ、筋肉量、運動神経など、前提条件がすべて違います。年齢や男女差もあるでしょう。それを一律に同じ「形」にはめること自体に無理があります。

運動学にもとづけば、大事なのは、プロや上級者が実践しているスイング理論を、見よう見まねで覚えるのではなく、その動きを可能にしている体づかいの原理・原則を知って、それを無理のない形で自分に当てはめていくことです。

本書は、個人の経験則で語られることが多かったゴルフ理論に、運動学の原理・原則を取り入れた前著『ゴルフ　飛びの運動法則』の進化版です。前著では、二〇〇〇年に出版以来、多くの読者からご好評をいただき、「これまでのスイング常識を覆《くつがえ》された」「試したその日からボールの飛びが変わった」「ゴルフってこんなにシンプルに考えてよかったんだ」といった、うれしい反響をたくさんいただきました。

さらに、NHK関係者の目にとまり、二〇〇八年四月から放映される『水巻善典・全美貞　ゴルフスイングの真実』で解説を頼まれるという、思いがけない影響もありました。

あらためて、いかに多くのゴルファーが、遠くに飛ばすことを渇望しているかを痛感した次第です。

そこで本書では、最新の研究成果やクラブの進化を踏まえ、より実践的な「飛ばす運動法則」を公開しました。ツアーで活躍するトッププロからアベレージゴルファーまで、いまのゴルファーたちのスイング分析をもとに、誰でもより簡単に、より遠くに飛ばせる体づかいのコツを紹介したものです。

論より証拠。本書を一読後、すぐに実践してみてください。昨日までの飛距離の違いを実感していただけるはずです。

目次

第1章 体にムリがある覚え方では飛ばなくて当然……33

第2章 「よい運動の法則」はゴルフにも当てはまる……89

第3章 〝四方向バランストレーニング法〟でもっと飛ぶ体に

特別公開

本文イラスト　木島　清
ＤＴＰ　ティープロセス
データ提供　順天堂大学スポーツ健康科学部
スポーツバイオメカニクス研究室

序章

ツアープロからアベレージゴルファーまで

最新スイング分析でわかった新事実！

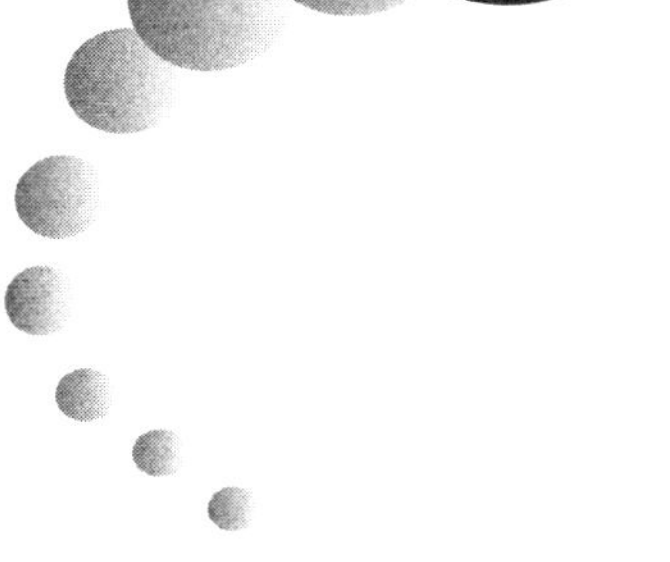

どこに力を入れ、どこを抜いているのか

使う筋肉とスイングの新事実

私が長年、スポーツ科学の研究をしてきた順天堂大学スポーツ健康科学部の研究室には、現在ツアーで勝利を重ねているトッププロから研修生、はてはゴルフ初級者まで、さまざまなレベルの人たちのスイングを分析した、最新の科学データがあります。

アドレスからバックスイング→トップ→ダウンスイング→インパクト→フォロースルー→フィニッシュという一連の流れの中で、どこの筋肉を使い、どのように重心が移っているのかが、そのデータを見れば一目瞭然です。

その中で、典型的な二つのスイングデータをご紹介しましょう。

一つが、体格がよくてパワーもある超一流選手Ａ（男性）のスイングデータ。もう一つが、身体能力的に中年男性のアベレージゴルファーとほとんど差がない超一流選手Ｂ（女性）のスイングデータです。

ストレインゲージ（ひずみ計）と呼ばれる機器で、左右の足の体重のかかり具合の変化を測定したり、体のさまざまな部位に電極の端子をつけて、筋活動（その筋肉が使われると放電現象が起こる）を測定しているのですが、Ａ選手とＢ選手では、

・「左右の足の体重のかけ方」＝スイング中、どのように重心移動をしているか
・「左右の上腕二頭筋《じょうわんにとうきん》の使い方」＝腕の力をどれだけ使っているか
・「左右の外腹斜筋《がいふくしゃきん》の使い方」＝どのように体を捻《ねじ》っているか

の三つのポイントに大きな差が表れました（筋肉の位置は24ページ参照）。それを次ページからの図に載せてあります。

〈図1 - 2〉

B選手

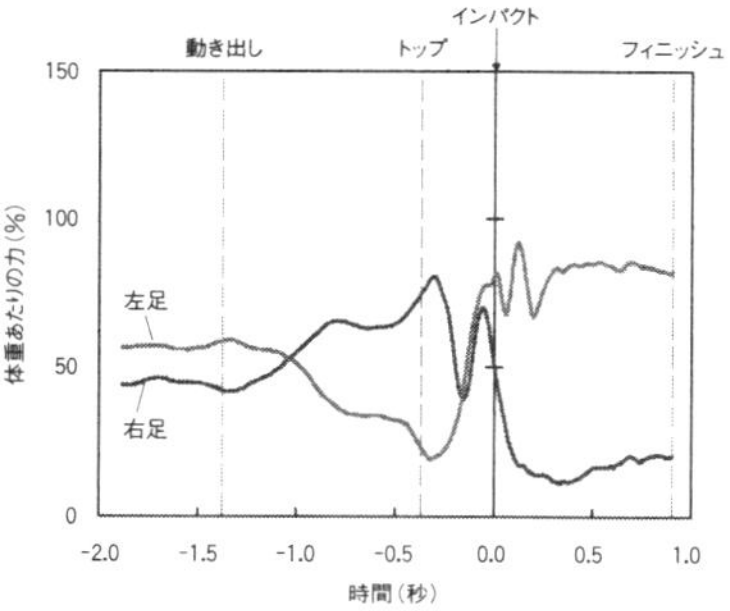

インパクトではほぼ均等に両足に体重をのせてヘッドを走らせ、インパクト後に完全に左足に体重を移している

☆どのように重心移動しているか

〈図1－1〉

A選手

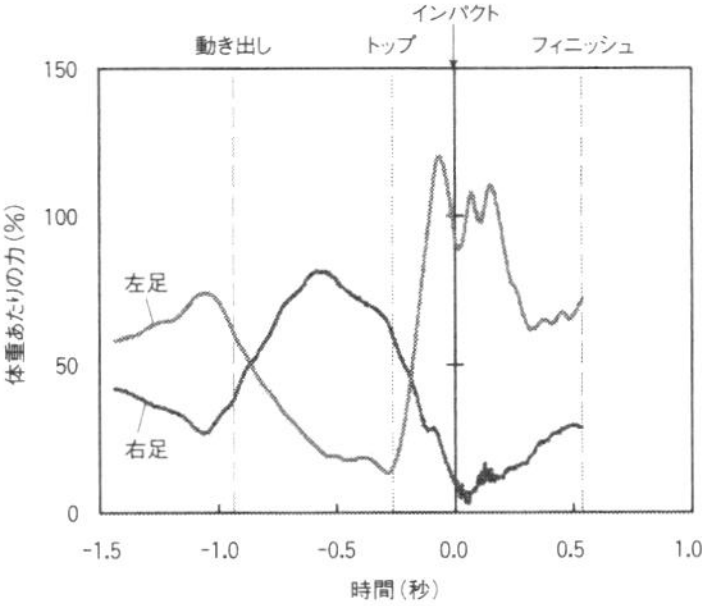

バックスイングで右足にためた力をインパクトで一気に左足に移すことで飛距離につなげている

〈図2 - 2〉

B選手

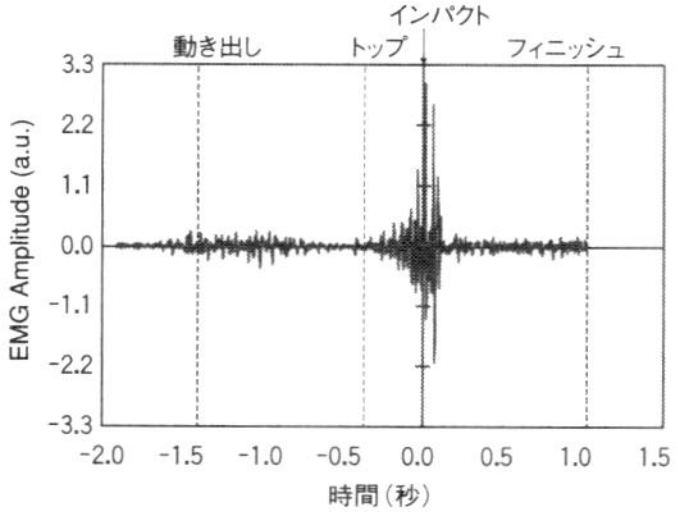

右上腕二頭筋

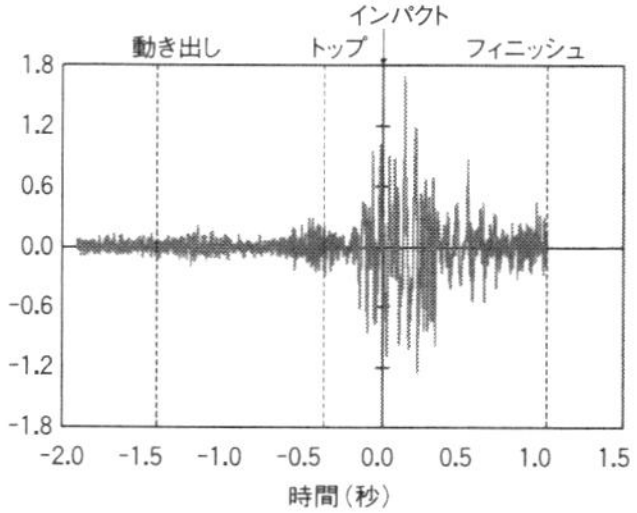

左上腕二頭筋

インパクトの前後で腕の力を利用している
が、それ以外ではあまり使っていない

☆上腕の力をどれだけ使っているか

〈図2－1〉

A選手

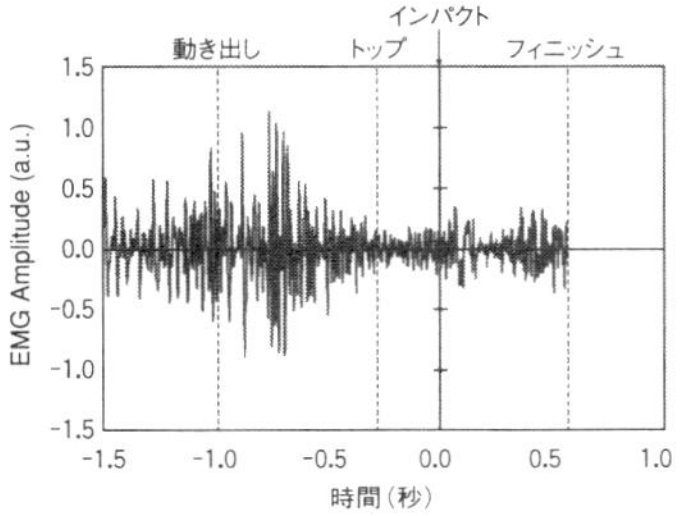

右上腕二頭筋

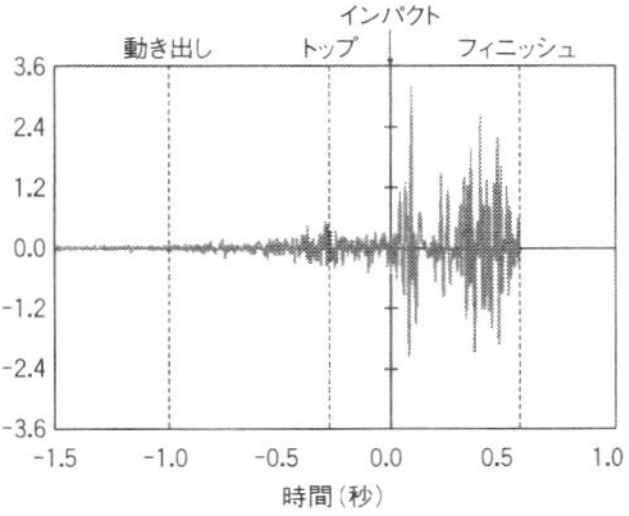

左上腕二頭筋

バックスイングでは右腕を、フォロースルーでは左腕をおもに使ってクラブを引き上げている

〈図3－2〉

●部分が外腹斜筋

B選手

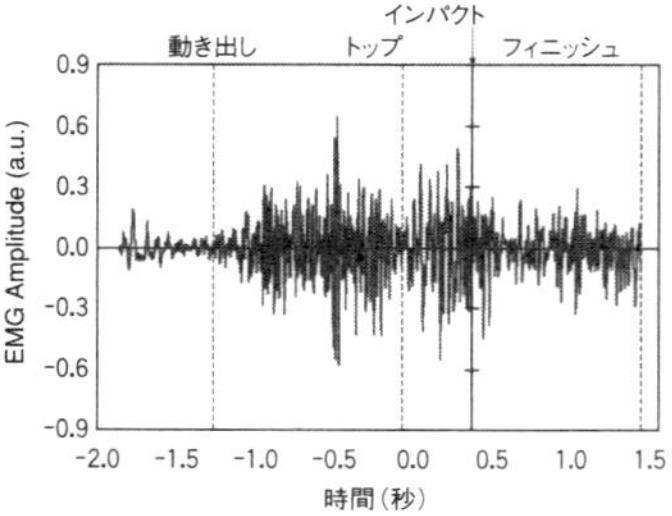

右外腹斜筋

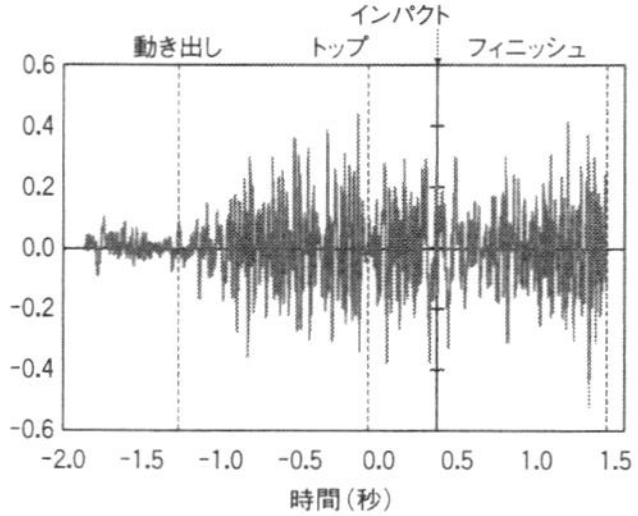

左外腹斜筋

一連のスイング動作中、左右の外腹斜筋（脇腹）をつねに使い続けている

☆どのように体を捻っているか

〈図3－1〉

●部分が外腹斜筋

A選手

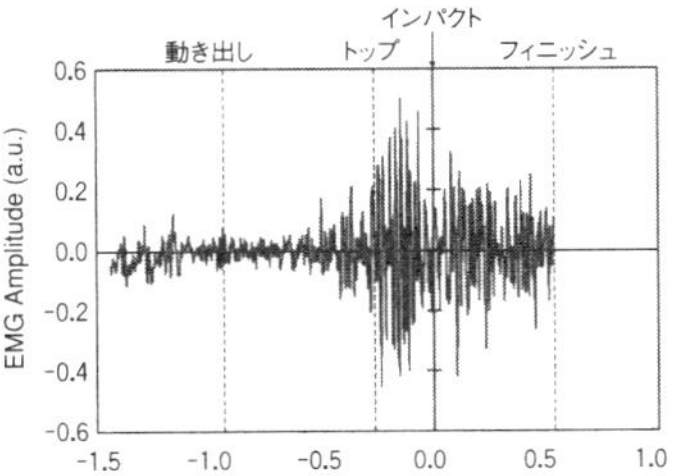

右外腹斜筋

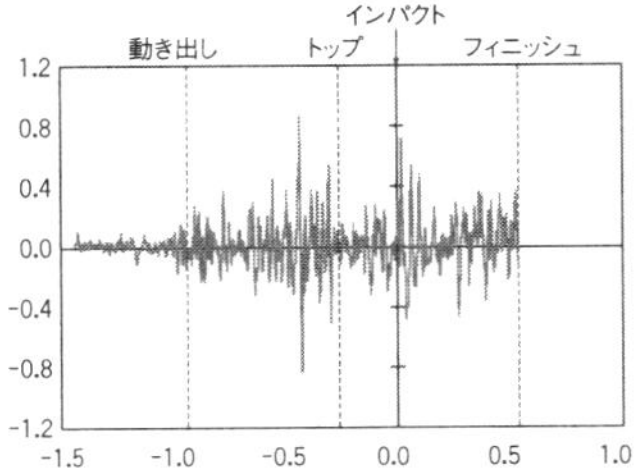

左外腹斜筋

バックスイングではおもに左外腹斜筋（左脇腹）を、ダウンスイングでは右外腹斜筋（右脇腹）を使っている

☆スイングに関係する主な筋肉

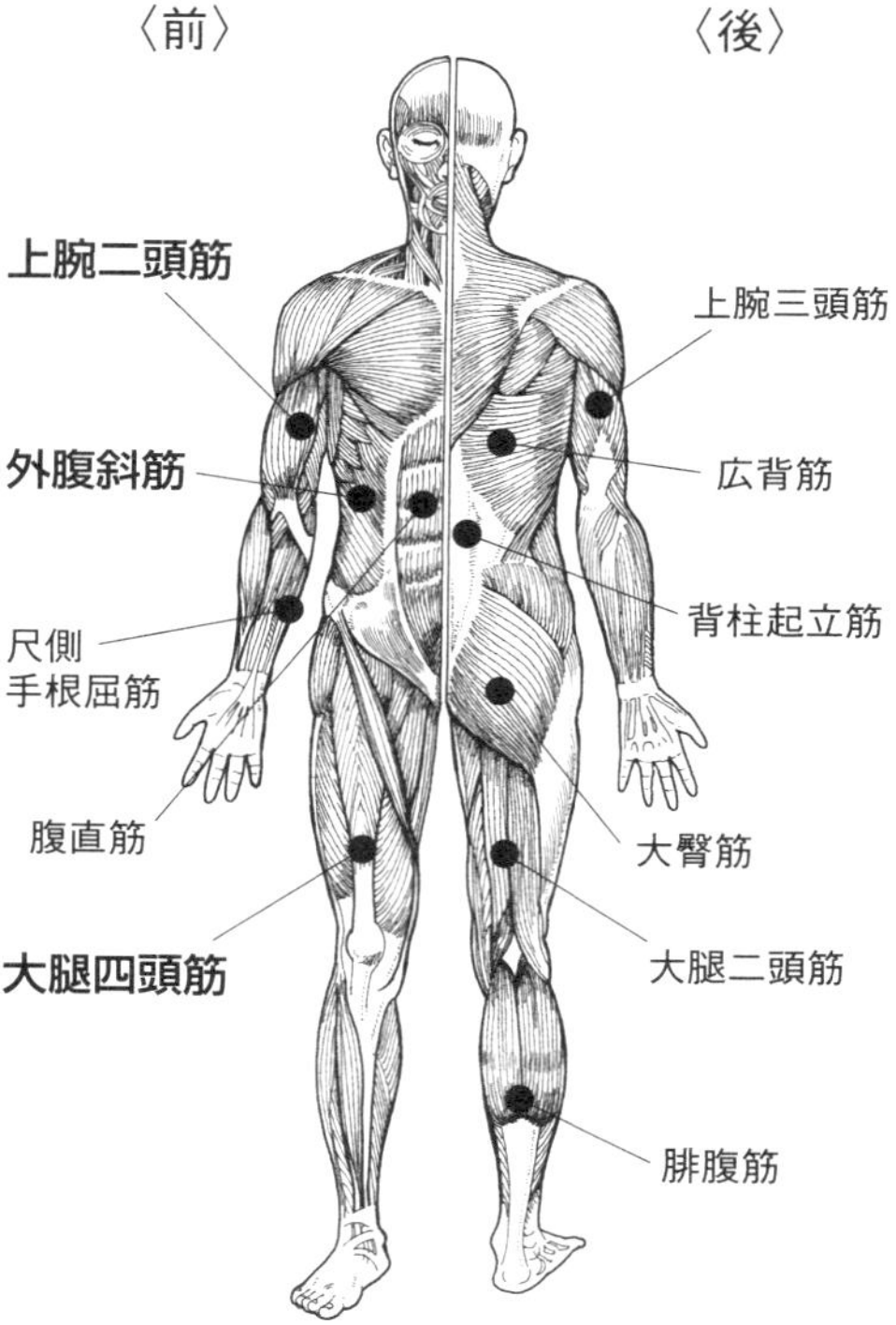

〈前〉
〈後〉
上腕二頭筋
外腹斜筋
尺側
手根屈筋
腹直筋
大腿四頭筋
上腕三頭筋
広背筋
背柱起立筋
大臀筋
大腿二頭筋
腓腹筋

力のあるA選手（右利き）のスイングは、19ページの〈図1－1〉で見てもわかる通り、バックスイングで右足に体重を大きく乗せて、それをトップからインパクトにかけて一気に左足に移すことで、飛ばすためのパワーを生み出していることがわかります。

21ページの〈図2－1〉で上腕二頭筋＝腕の使い方を見ると、バックスイングでは右腕にやや力を入れてクラブを引き上げ、インパクト後は逆に、左腕でクラブを引き上げている。

23ページの〈図3－1〉で左外腹斜筋＝体の捻り方を見ると、バックスイングは左の外腹斜筋（＝左の脇腹）を軽く使って体を捻り、ダウンスイングからは右の外腹斜筋を使って捻り戻しています。しかし、22ページ〈図3－2〉のB選手のスイングに比べると、それほど外腹斜筋は使っていません。

一方、身体能力的に中年男性のアベレージゴルファーとほとんど差がないB選手の場合、18ページ〈図1－2〉を見るとわかるように、インパクトの時点で左右の足の体重のかけ方にそれほど差が出ていません。体重移動を使ったインパクトをしていないことがわかります。体重移動をせず、インパクトまでは両足にほぼ均等に体重を乗せることでクラブヘッドを走らせ、インパクト後、フォロースルー、フィニッシュという局面になって、体重が左足に乗っていく流れが見て取れます。

20ページ〈図2‐2〉で腕の使い方を見ると、インパクトゾーン以外では、左右ともあまり腕に力を入れていないことがわかります。

そのぶん22ページ〈図3‐2〉で、左右の外腹斜筋にスイング中、つねに均等な力が加わっているのがポイント。アドレスからのバックスイングでも、トップでの切り返しからインパクトにかけてのダウンスイングでも、左右の脇腹に同じように放電現象が見られます。

つまり、左右の外腹斜筋で捻り上げ、トップ後の切り返しでも、左右の外腹斜筋を使って捻り戻す動きをしている、という特徴があるのです。

〝運動経過〟の小さいスイングが理想

この二人の超一流選手のデータを紹介したのは、どちらがいいスイングかを比較するためではありません

体力のあるA選手の場合は、バックスイングで十分に右足にのった体重を、インパクトにかけて一気に左足に移すことで、大きなパワーを生み出し、飛距離につなげています（平均的に二七〇～二八〇ヤードを稼いでいます）。

逆に、それほど体力のないB選手のほうは、ダウンスイングであまり重心移動をせず、おもに外腹斜筋（脇腹）を使って回転の利いたスイングをおこなっています。あまりパワーに頼らないスイングともいえます（しかし、それでも女性ながら平均的に二三〇～二四〇ヤードは飛ばしていますが）。

このように、スイング中の体の使い方を見ても、人によってこれだけ違いがあるということ。一人のプロゴルファーの「形」が、いかに万人にあてはまるものではない

かの証明でもあるでしょう。

ただし、二人のスイングは、どちらも「運動の理」にかなっているという共通点があります。

たとえば、A選手の場合、動き出しからトップにかけて、右足に重心を移していくとともに、外腹斜筋（脇腹）は左側を緊張させ、上腕部は右腕に力を入れ……という、左右のバランスをとった使い方をすることで、体の軸を保っています。

一方、B選手の場合には、おもに外腹斜筋を使って体を捻るとともに、捻転《ねんてん》によって内側から生じたパワーを、途中でさえぎることなく（無駄な力を入れることなく）、スムーズにヘッドに伝えるという、力の伝動に効果的な動きをしています。

このことによって、A選手は抜群の飛距離を得ているし、B選手は飛距離とともに驚くべき安定感を保っているのです。

アマチュアゴルファーがどちらのスイングを参考にしたほうがいいかとなれば、多くの場合、B選手のほうだといえます。

かつてはA選手のように体重移動を使ってボールを打つのが、飛ばすために重要だと言われてきました。

しかし、データを見てもわかるように、A選手は、スイング動作の中でさまざまな筋肉を駆使し、さらにスイングの局面ごとに使う筋肉が変化する（専門的に言うと、運動経過が大きくなる）ため、プロや、かなりの上級者でないと、安定したスイングができず、インパクトがブレやすくなってしまいます。

一方、B選手のスイングは、A選手に比べると大きく使う筋肉が限られ、運動経過も小さいため、意識するポイントが少なくてすみます。そのため、スイングも安定しやすくなるのです。

体力や練習量でプロに及ばないアマチュアゴルファーの多くが、B選手の体づかいを参考にするといいというのは、このためなのです。

最近では、B選手のような体づかいのプロも少なくありません。タイガー・ウッズと並び称される世界的プレーヤーのアーニー・エルスも、同じような体づかいをしています。

飛ばすためのたった二つの鉄則

いまの技術・体力で、より遠くに飛ばすには

ゴルフを科学的に分析してみると、飛距離を伸ばすには、二つの要素が必要なことがわかります。ヘッドスピードを上げることと、適切なインパクトをすること。突き詰めていけば、この二つに尽きてしまうのです（反発係数などのクラブ性能の差を考えなければ）。

逆に言えば、アドレスやバックスイング、フォロースルーの形はどうあるべきか、角度はどうあるべきか、というのは、ヘッドスピードを上げ、的確なインパクトを実

現するための補助動作でしかない、ということでもあります。まず、そのことをよく理解しておきましょう。

では、ヘッドスピードを上げるにはどうすればいいか。ゴルフスイングは円運動。なので、体の回転スピードを上げることがポイントになってきます。そして、体の回転で得られた力を、効率よくスムーズにヘッドに伝えることも重要です。

肩や腕に力をこめて、力まかせにクラブを振り回してもボールは遠くに飛びません。腕をムチのように使って、しなやかにスイングをすることで、体の中心で得られた力が、途中で遮断されることなく、最大になってボールに伝わるのです。先のB選手のスイングがまさにこの動きです。

さらに、クラブがインパクトゾーンに来たとき、最後に少しだけヘッドを加速させるような動きを加えると、ヘッドスピードが最大になることがわかっています（そのための体づかいについては後述します）。

また、同じスイングのスピードならば、スイングアークが大きければ大きいほど、ヘッドが遠回りするため、ヘッドスピードは高まります。

適切なインパクトについてはどうか。いくらヘッドスピードが上がり、ボールの打ち出し速度が高まっても、左右にブレてしまっては元も子もありません。ターゲットラインに対して、きちんと直角にクラブフェースが当たることが重要なのは言うまでもありません。

また、クラブヘッドの入射角度も見逃せません。打ち出したボールのスピン量、打ち出し角度が適切でないと、ヘッドスピード相応の飛距離は出なくなります。そのことからも、適切にクラブフェースがボールを捉《とら》えることが重要です。

ただし、そこまで厳密にインパクトを意識してスイング調整できるのはプロの領域で、アマチュアゴルファーであれば、正しいスイングプレーンに乗ってクラブが下りてくれば、自然と実現するものと考えておくぐらいでいいでしょう。

まとめると、アマチュアゴルファーにとって、飛距離を伸ばすには、ヘッドスピードを高めること。そして、インパクト精度を向上させること。この二つを意識して練習すれば、いまの技術・体力のままで飛距離を二〇～三〇ヤード伸ばすのは誰でも可能。それを最短で身につけるための体づかいの原則を、次章以降で紹介していきます。

第1章

体にムリがある覚え方
では飛ばなくて当然

きれいなスイングにこだわるな

理にかなっていればフォームは「個性的」でいい

きれいなスイングの人を見て、「あの人はゴルフが上手いな」と感じます。ところが、その逆の「ゴルフが上手い人」のスイングはどうでしょうか。

コースによく出かけるゴルフ仲間たちはゴルフ歴一〇年、二〇年以上のゴルフ大好き人間が多く、だいたい70台後半から80台のスコアで回り、距離もそこそこ出している。もちろん、シングルプレーヤーも数人います。

不思議なことに、彼らのスイングなんて、お世辞にもきれいだなんて言えない。でも、それなりにスコアをまとめ、飛距離だって、「おいおい、そんな飛ばして体は大丈夫なのか」と、私が驚くくらい出す。ちなみに、六〇歳代後半の私だって二五〇ヤードくらいは出せますが、スイングがきれいか、と問われれば人のことは言えません。

そんなプレーヤーを見ていると、きれいなスイングっていったい何だろうと、いまでのゴルフの「基本」と言われたことに思わず首をヒネってしまう。

彼らのように、ある程度、狙った距離が出せ、狙った方向性を出せるようになると、

「スイングのきれいうんぬんなんて問題じゃない」

「要は、楽しくラウンドできればいいんだ」

なんて、のたまう。なかには、

「どうだ、おれのフォームは個性的だろ」

なんて開き直る者すらいる。

そうなんです。ゴルフは、まず楽しくやらなくちゃ。それにフォームなんて、個性的でいいんです。

でも、ゴルフ練習場などでは、レッスンプロが、

「ほらほら、もっとワキを固めないと、こんなふうになってみっともないでしょう」

などと、盛んにきれいなスイングを奨励している。私などは、こんな光景を目にすると、どうしてそんなに、きれいなスイングとやらにこだわるのかなと疑問に思ってしまう。はたして、ゴルフはまず「はじめにフォームありき」でいいのでしょうか。

私は違うと思います。だから、あえて言いたい。

「きれいなスイングになんてこだわるな！」

たとえば、杉原輝雄プロの左ヒジを突っ張った、独特のスイングを覚えている方も少なくないはずです。もう七〇歳を超えられている年齢なのに、シニアツアーだけでなくレギュラーツアーにも出場し、ゴルフ界を盛り上げています。

杉原プロのスイングは、フォローで左ヒジをたたんではいません。左ヒジが折れたまま振り上げていく。決して、きれいなスイングではありません。

先ほどのシングルプレーヤーたちしかり、杉原プロしかり、乱暴に言えば、みんな、スイングはきれいではありません。が、しかし、大事な共通項があるのです。それはいずれも「運動の理」にかなったスイングをしているのです。

「運動の理」などと何やら難しい理屈を取り出したようですが、ゴルフも、私の専門であるバレーボールも、はたまた走ること、歩くこともすべて「運動の理」にかなっていなければ、上手くいかないのです。

本書がいままでのゴルフの本と違うのは、ゴルフも運動のひとつなのだから運動の理にかなった、つまり運動の法則に合致したゴルフをしようよ、ということです。といっても難しいことではありません。それは、あなた自身のゴルフを楽しもうよ、ということでもあるのです。

飛ばなくしている「ギプス」を外せ

本書には「ギプス」という言葉がしばしば出てきます。そう、骨折などをしたときに損傷箇所を固めて動かないようにすること、あるいはその器具のことを言います。ゴルフを教わるとき、われわれは体に「ギプス」をはめるように教わっているのではないでしょうか。この「ギプス」がゴルフを教わることを、ゴルフを楽しむことをつまらなくしているのです。
いわく「グリップは左手優先で、小指、薬指、中指の三指でしっかり握る」
いわく「アドレスでは、肩と両腕で三角形をきちんと形づくる」
いわく「テイクバックでは、左肩がアゴの下にくるまで回す」
いわく「テイクバックでは、決して頭は動かすな」
いわく「ダウンスイングでは、グリップエンドをボールに向けて振り下ろす」
いわく「インパクトでは、左の壁をしっかり作る」
私に言わせれば、これらはみんな楽しくない「ギプス」なのです。
楽しくないどころか、飛ばない原因でもあるのです。なぜなら、「ギプス」とは運動の法則に反したものです。
だいたい、われわれ一人ひとりの運動能力には個体差があるわけで、それを一律にひとつの形に当てはめようということ自体に無理があるのです。そのために、せっかくの楽しいゴルフがイヤになってしまう人が少なくありません。
困ったことに、数ある「ギプス」の中で、まず、初心者がはめられるのが「きれいなスイングでなくてはダメ」という「ギプス」なのです。

私が大学などで教えていたゴルフの授業では、「きれいなスイング」なんてことはまったく強要しません。

ただ、

「運動の法則にかなったスイングをしなさい」

「あなたの運動能力に合ったスイングを作っていきましょう」

と言うだけです。あなた自身の中に、ゴルフがうまくなる要素がひそんでいるのです。

それが具体的にどういうことなのか、これから明らかにしていくことにします。まずは、私が学生やアマチュアゴルファーたちにどう教えているかをちょっと見てもらうことにします。

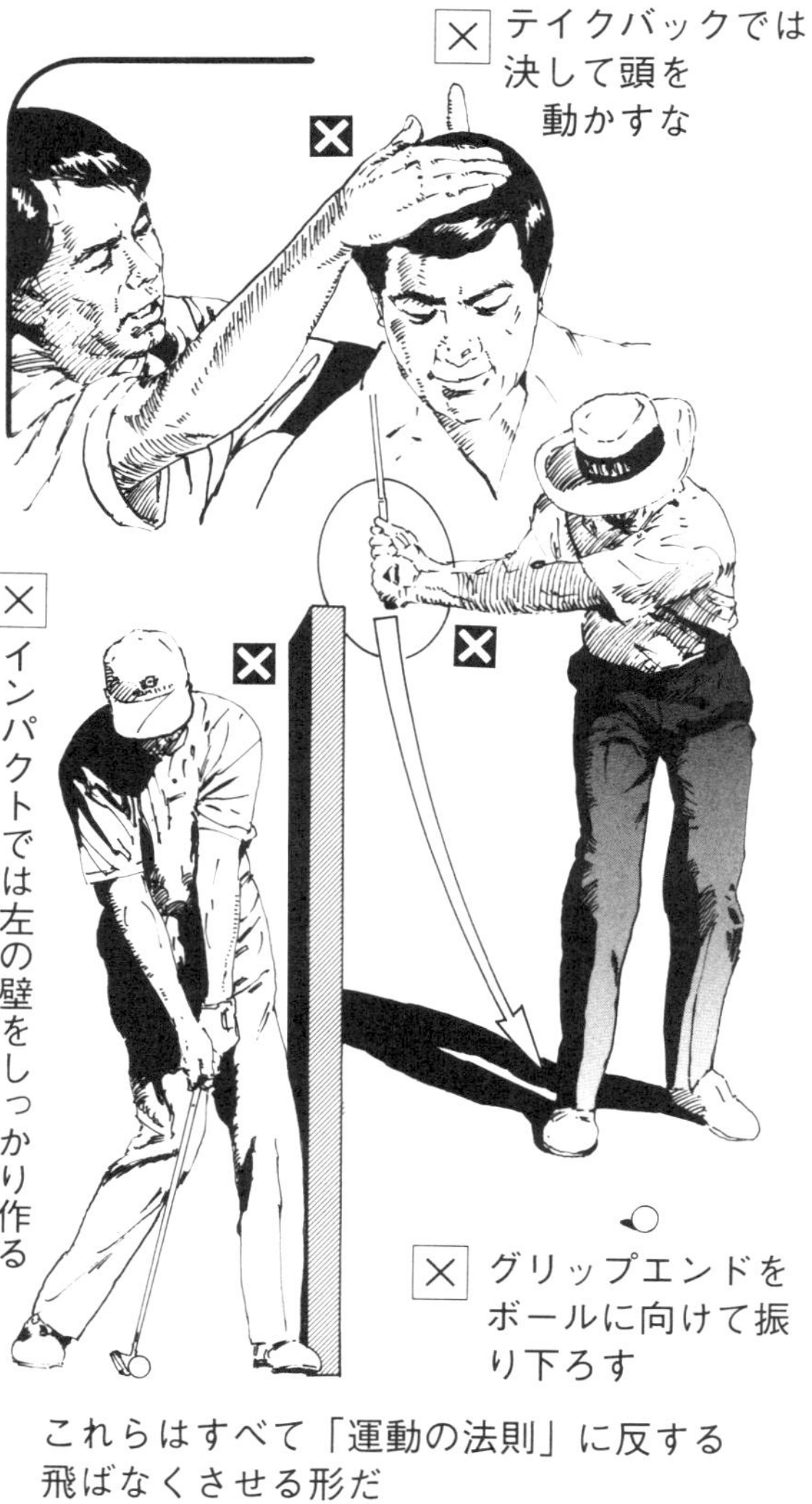
テイクバックでは
決して頭を
動かすな
インパクトでは左の壁をしっかり作る
グリップエンドを
ボールに向けて振
り下ろす

これらはすべて「運動の法則」に反する
飛ばなくさせる形だ

☆こんな「ギプス」をはめていないか

× テイクバックは左肩がアゴの下にくるまで回す

× グリップは左手優先。小指、薬指、中指をしっかり握る

× アドレスでは肩と両腕の三角形をきちんと作る

“テイクバック”よりも“ワインドアップ”

ゴルフボールを投げればスイングが全部わかる

「さあ始めるよ、まずボールをアンダースローで投げてごらん」

最初のゴルフの授業のとき、学生にこう言います。すると、

「えっ！　先生、ボールを投げるんですか？」

ゴルフの授業を受けに来たはずなのに……、といった顔でたいていの学生はこう反応し、ポカ〜ンとしている。

なぜ、こんなことをさせるのか？

なるほど、学生諸君にしてみればちょっと面食らってしまうかもしれません。最初の授業では、ゴルフの基本となるクラブの握り方から始めるものだろうと思っていたのに、打つはずのゴルフボールを野球式にアンダースローで投げろなんてことを言われるのですから。

まず私が、

「さあ、前方の的《まと》に当てるように、ボールを投げてごらん」

と、お手本を示す。大学の設備ですから、よくいう「鳥カゴ」のような練習場で、二〇メートル先のネットに的がぶら下がっています。そこの的にボールを命中させるのです。

すると、

「この先生、どうやら本気らしいや」

と、学生もボールを投げはじめる。はじめは半信半疑、なかには、下から真上に投げたりする者も出てはきますが、でも、次第に真っすぐに投げようと真剣になってくる。一〇球も投げると、たいていは真っすぐに投げられるようになります。実はこのコツが一生ゴルフを楽しく続け、上達していく上での大切な基本動作なのです。

ゴルフというスポーツは言ってみれば的当てゲームなのです。その的当ての感覚を体で覚えるには、小さい頃からやってきたボール投げがいちばん。野球少年は言うに及ばず、女の子だってドッジボールで男の子をギャフンと言わせたことがあるはずです。あの感触を思い出せばいいのです。

なぜ、授業の最初にゴルフボールをアンダースローで投げさせるのか？　もちろんそれは、ボールを投げるときのワインドアップ・モーションからスロー（投球）までの一連の動きと、ゴルフのテイクバックからヒッティングまでのそれに、非常に共通している部分があるからです。

ただ、学生たちに、「このコツがゴルフのテイクバックのコツだよ」とは言いません。はじめてクラブを握った人にとっては、「テイクバック」なんて言葉はなんとも理解不能なはずだからです。だいいちイメージすら湧いてきません。

私は、ゴルフ用語はできるだけ使わずに、ほかの運動でも使う言葉に言い換えるようにしています。これもそのひとつ。テイクバックではなくワインドアップなのです。

☆ボールを投げると飛ぶスイングのすべてがわかる

UNDERHAND THROW
的《まと》を狙って
ゴルフボールを
下から投げる

このときの腕の振り、体の使い方こそ
「運動の理」にかなった飛ばしの体勢だ

ワインドアップ。

そう、野球でピッチャーが行うボールを投げるまでのあの一連の動作。ボストン・レッドソックスの松坂大輔投手、あるいはアンダースローということでいえば、千葉ロッテ・マリーンズの渡辺俊介投手の投球フォームでも思い浮かべるといいでしょう。あれが野球選手にとってのテイクバック、ゴルファーにとってのワインドアップ。ワインドアップと言い換えることで、テイクバックのイメージをつかんでもらおうというわけです。

アベレージゴルファーでも、ワインドアップ（テイクバック）がしっくりこなくなるときもあるはずです。

そんなときは、クラブを置いて、ワインドアップ・モーションでゴルフボールを投げてみることです。きっと、よかったときのワインドアップ（テイクバック）の勘を取り戻すことができるはずです（コース上のインプレー中はよくないでしょうが、ティーグランド等で他人に危なくないところならいいでしょう。もちろん練習場でもOKです）。

「スナップ」を利かせろ

このワインドアップ・モーションという動きの中にはスナップという、ボールを強く正確に投げるのに欠かすことのできない大切な動作がありますが、これもきちんとしたスローイングをすることで習得できます。

いままでのゴルフレッスン書の中には、クラブをテイクバック（ワインドアップ）してトップにもっていったとき、手首を固定するようにと書いてあるものがあります。でもそれだと、スローイングのときの折り返し時点の手首の動き（スナップ）が、ゴルフではまったくできないことになってしまう。これは、運動学の見地からすると非常におかしなことです。

学生にそのことを解説すると、いままでガチンガチンに力が入って固定されていた手首が解きほぐれ、クラブでボールを打つ段階に入ったときに、

「アレ、おれのボール、あんなに飛んでいく！」

などと、自分でもびっくりしてしまうほどに、ボールを遠くに正確に飛ばすことができるようになるのです。

「スナップを使う」という言い方をしているゴルフレッスン書はほとんどありません。たいていはコックという言葉を用いていますが、経験上から言うと、「コックを使う」ではなかなか理解してもらえない。しかし、スナップを使うと言うとすぐにわかってもらえるのです。

スナップがうまく使えないと、ボールは遠くへは飛ばすことはできません。手首をコチンコチンに固めていては、いくら渾身《こんしん》の力をこめても、ボールは遠くには飛んでくれません。

もっと困るのは、手首を固めている人ほど、ボールを打つとき、肝心の手首が緩んで（コックが早く解けて）ダフってしまうのです。

一方、スナップを早い段階で会得する、言い換えれば手首の柔らかい切り返しを覚えた人は、ボールを遠くに飛ばすことはもちろん、ダウンスイングからボールをとらえるまで手の動きにクラブがくっついてくるので、ダフることなくボールをスパッと

☆「コック」と思うな「スナップ」だ

「スナップ」を利かせるから速く投げられる、
遠くへも飛ばせる力が出る

弾《はじ》くことができるわけです。

「先生、そのボールを〝スパッと弾く〟って、どういう感覚なんですか？」

うん、いい質問だ。よくぞ気づいてくれました。

「ボールの飛距離はヘッドスピードに比例する。要するに、きちんとスイートスポットに当てれば自分が出した力以上の速さでボールが飛んでいくというわけ」

「自分の出したパワー以上にボールが飛ぶ！　それは快感ですね」

「たしかに、それはゴルフの快感だな」

早い段階でスナップを使うことを会得してしまいましょう。これがその人の飛距離アップに大きく関わってくることは間違いないからです。「まず形、それができたら飛ぶように」という覚え方より、最初からよく飛ぶように覚えたほうがいいじゃないですか。とくに初心者の場合、スナップの使い方を覚えるだけでも、ゴルフの導入部分はほぼ合格と言っても過言ではありません。

論より証拠、まずはアンダースローでボールを投げてみて、スナップを使うコツを覚えましょう。

左手中心のグリップは間違っている

左手をしっかり握る必要なんかどこにもない

いままでのレッスン書はどちらかと言うと左手主導（右利きの場合）で教えていますが、コーチ学というもうひとつの私の立場から言うと、ちょっと違うのではないかと思います。「コーチ学」という耳慣れない学問とゴルフの上達に何の関係があるかは、のちほど述べることとして、〝左手主導〟ということは、私に言わせれば、字を書くときに左手で書きなさいというのと同じくらい無理があるわけで、だいいち、私だって左手ではまともな字なんて書けやしません。

私は、グリップについてはこう指導しています。左の親指をクラブの真上にのせ、他の指は軽く添え、右手は、左の親指とシャフトを包みこむように握りなさい。ただそれだけ。グリップの強さに関しては、よく言われるように、「手のひらの中の小鳥を殺さない」くらいの力の入れようが理想的です。

総論としては、みんなよく理解してくれます。ところが、各論、つまりワインドアップ（テイクバック）が始まると力が入り、ダウンスイングからインパクトでは左手をギュッと握って、小鳥を握りつぶしてしまうわけです。

なぜ、両手をギュッと握ってしまうのでしょうか。それは、グリップがゆるいとクラブフェースがズレてしまうのではないかという不安があるからです。それと、強く握らないとボールが強く打てないという、誤った先入観のためです。

そうではないのです。軽く握っても、スイングは遠心力に支配されているのでズレることなどありません。逆に、強く握ることでクラブフェースに余分な力が加わり、ズレが生じてしまうのです。

また、強く握らないとボールが強く打てないということもありません。運動の法則上、まったくの誤解というしかありません。パワーの伝達というものは、それを仲介するもの（ゴルフの場合は腕全体）が、リラックスした状態でないと、一〇のパワーは、末端（クラブの先端）に一〇のパワーとして伝わりません。腕は、ムチのようにしなやかでなければならないのです。

繰り返します、左手で強く握る必要など、どこにもありません。

左手小指をグリップから外してみよう

こんな例がありました。

知り合いの四〇歳のビジネスマンが、何年もゴルフをやっているのにどうしてもドライバーを引っ掛けて、ダフってしまう、と訴えてきたのです。

彼のスイングをよく見ると、インパクトでグリップをギュッと固めている。そのためにフェースがかぶって、ボールを引っ掛けていたのです。

「インパクトで左手をギュッと握ったでしょう。左手の小指に力を入れて握るのをやめてごらん。そうすると、左手に余分な力が入らないから」

こうアドバイスすると、彼は、

「そうか！　なるほど」

と、なんと左の小指をグリップから外して打ってしまった。ふつう、ここまで思い切って外してしまうと恐くて振れなくなると思いがちでしょうが、ところがボールは真っすぐに、どちらかというと、きれいなフェード系のラインを描いて飛んでいきました。

以来、彼はフェード系、ドロー系の球を打ち分けられるようになりました。まさに、ケガの功名というわけです。

わからなくなったらボールやクラブを投げてみる

「どうすれば、右手主導のグリップのコツを覚えられるのですか？」

しばしば、こういう質問を受けます。

簡単です。前の項で、ワインドアップ（テイクバック）のコツを、野球のワインドアップ・モーションに学ぶやり方を紹介しましたが、あれがグリップにも応用できるのです。

ゴルフの右手グリップも、野球でボールを握るのと同じ握力、同じ要領でいいのです。ご存じのように、野球では投球に左手は一切介在していません。極端に言えば、ゴルフも右手だけで打てるわけです。ただ、ボールと違って、クラブは長いので、左手を添えてサポートしてあげるというわけです。

スイングの際、左手に力を入れる必要はないことを実感してみましょう。いい方法があります。ゴルフ場で、周りに人がいないとき、これまで述べてきた要領でスイングをします。ただし、クラブは前方に放り投げます。どうなると思いますか？

左手に力が入っていれば、クラブは左に飛んでしまいます。クラブがうまく手から離れたときは、真っすぐに飛びます。うまく離れたときというのは、右手でボールを投げるようにクラブを放ったときなのです。これで、ゴルフのスイングにおける、右手の役割、グリップの要領が実感できることと思います。

スイングに迷いが生じたら、野球のアンダースローでゴルフボールを投げてみる、それでもダメならクラブを放り投げてみる。これで、迷いはふっ切れるはずです。くれぐれも、周囲に人のいないことを確かめてからやるようにしましょう。

スイングは右手主導で振り下ろすこと。これをしっかりと覚えておきましょう。

〝右手の片手打ち〟から授業を始める理由

私は、右手主導の大切さを実感してもらうために、

「いちばん器用な右手を使って、左手は添えるだけでいいんです」

とアドバイスすることにしています。

もっとも、初心者には最初は右手だけの片手打ちを教えます。ただ、球筋を安定させるために、左手は右上腕部にそっと添えるようにしてワインドアップ（テイクバック）します。右手グリップは、シャフトとやさしく握手するようにもち、グリップを包むように握らせる。これが私の、クラブを使ったゴルフの授業の第一歩なのです。

☆「右手の片手打ち」で球を弾く感覚がわかる

左手は右上腕部に添える
右手でシャフトと握手するように持ち、グリップを包むように握る
そのままの形で振り上げ、ボールを弾く

ボールを投げるのと同じタイミングでスムーズに腕が振れる。これがボールを弾き飛ばすスイングだ

この方法は同時に、ある程度、ゴルフに親しんだアベレージゴルファーにも有効です。長年、ゴルフをやっていた人ほど右手一本で振ると不安で上手くいかないかもしれません。

もちろん、最初はうまく振れない人もいますが、それでも三〇分も繰り返しているとスイング軌道も安定してくるから不思議なものです。いちばん思い通りに動かせる右手の感覚が思い出されてきた証拠です。

そして、右手だけの片手スイングがある程度できるようになったら、右の二の腕（上腕部）に添えていた左手を外し、両手でのスイングを指導します。左手もスイングに加えるとはいえ、左の親指をシャフトに乗せ、左の手のひらは力を入れずに添えるだけで振らせるのです。左右の手でグリップを握るのではありません。左手はあくまでも添えるだけ。

このようにして、左手を添えるだけにして右手でボールを弾く要領がわかってきた人には、

「今度は、指と指の間隔をちょっと詰めてみよう」

と言って、オーバーラッピングやインターロッキングの形を教える。これについても、

「キミは、オーバーラッピングとインターロッキングの形のどっちが打ちやすい？」

「私はインターロッキングのほうが打ちやすいみたいです」

「なら、それでいこう。インターロッキングをキミの形にしちゃおうよ」

といった具合。アバウトといえばアバウトなのですが、本人がしっくりするというのがいちばんなのです。

ともあれ、本人の好きなほうで打たせてみる。ゴルフの授業はあくまで本人主導でやる。これがいちばんなのです。

スイングがスピードダウンしてしまう原因

本人の好きなようにスイングさせるわけですから、もちろん空振りする学生もいます。面白いことに、空振りする学生の中には、私の授業を受ける前にちょっとゴルフ

をカジったことがある学生が少なくありません。なまじ、ゴルフのスイングはこういうものだ、というイメージをもっている者ほど、クラブをワインドアップ式に振ることができない。あるとき、そんな一人が私に詰め寄ってきました。

「先生、ぼくは、テイクバックはこうするんだと練習場のレッスンプロに習いました」と言ってから、私に「お手本」を示すのです。その「お手本」はと言えば……。

――アドレスで膝をぐっと絞り、指先で地面をしっかり掴むように踏ん張ってから、おもむろにクラブを右後方に引き上げる。それから左肩がアゴの下に入るまで回して、クラブを高々とトップまでもってくる。一呼吸、静止。そして思い切り腕に力をこめて、クラブを振り下ろす（で、またもや見事に空振り）。

「う〜ん、キミはいままでずいぶん無駄なカネを払ったな。でも、今日からきっと上手にしてあげるよ」

などと、彼を慰めることになります。

不思議なことに、右手一本で打たせていると、スイング中にスイングスピードがどんどん増速されるのに、両手を使って打たせると、とたんにスイングがスピードダウンしてしまう。スイングではスピードこそ命、スピードがあるから飛び、狙い通りに打ち出せるものなのに、両手だとスピードダウンしてしまう。

なぜ、そうなるのか。

人間にとって左右の手を同時に使うことは「協応動作《きょうおうどうさ》」という高度な作業であり、右手一本のとき増速されていたスイングの邪魔を、左手がしてしまうからです。

両手で握ったとたん、突然、悪いゴルフのイメージが襲ってきます。

つまり「当てにいく」ということ。当てようという意識が働くと、どうしてもスイングが減速してしまうわけです。右手だけでスイングしていたときは、ボールを投げるのと同じタイミングで腕をスムーズに振っていたのに。ゴルフは実にメンタルな要素に満ちたスポーツなのです。

ともあれ、「ボールは右手で打つ、左手は添えるだけ」、これがタイミングを保ち、飛ばすための基本と肝に銘じましょう。

スイングが左右対称では飛ばない

フォローの大きさと飛距離のメカニズム

こんなこともよく言われたことがありませんか。トップからインパクトまでのスイングの大きさを一とすれば、インパクトからフォロースルーまでのそれも一にする――スイングは左右対称にバランスよく振るようにしよう、というわけです。よく言われることです。

あるレッスン書などには、左右のバランスをうまくとる方法として、まずフィニッシュの形をイメージし、これに向けてスイングしていけば一対一をキープできる、などと書かれています。理屈としては、非常にわかりやすいと思います（たしかに、きちっとした距離感を求められるアプローチショットなどでは有効かもしれません）。

　しかし、私に言わせれば、スイングアークが左右対称なんてあるはずがありません。たとえば練習場で、ひときわ遠くに飛ばしている人のスイングをよく観察してください。左右対称のスイングなんてしていません。大きなフォロースルーをとっています。

　バランスでいうと、「前半二」対「後半二」になっているはずです。

　スイングは一対一が基本という教え方は、納得しやすいのですが、逆に初心者には弊害をもたらす危険がなきにしもあらずです。前半も一のスイングアークを取らなければと、意識がバックスイングに向けられるために、オーバースイングとなってしまう。さらに、飛ばそうとする意識が、バックスイングをより大きくさせてしまう。結果、皮肉にも、二対一というもっとも飛距離の望めないスイング・バランスに陥ることになるのです。フォロースルーは大きく取ってもかまいませんが、バックスイングは大き過ぎてはいけません。

　オーバースイングをしないためには、ワインドアップ（テイクバック）したグリップが耳のところまでくることです。

ところが、たいていの人は、ヘッドの動きにつられて、グリップが耳のところどころかさらに後ろに回してしまうのです。そのために、行き過ぎたヘッドはクラブの切り返しの際に微妙にずれ、ダウンスイングの軌道が狂うことになってしまうわけです。

ワインドアップ（テイクバック）のとき、右の膝にウエートをきちんとのせることでも、オーバースイングを防ぐことができます。あとで述べますが、右の膝にウエートをのせるのは、バックスイングでパワーを蓄えるためなのですが、同時に、オーバースイング防止という役目も果たしているのです。

この最大加速でボールは弾け飛ぶ

ヒネりを利かせた、コンパクトなバックスイングができれば、フォロースルーにむけて、必然的に大きな、つまり一対二のスイングアークをとることができます。あとは、体の軸に蓄えられたパワーを遮断せず、最大加速で振り抜けばいいのです。

☆左右対称スイングでは飛ばない

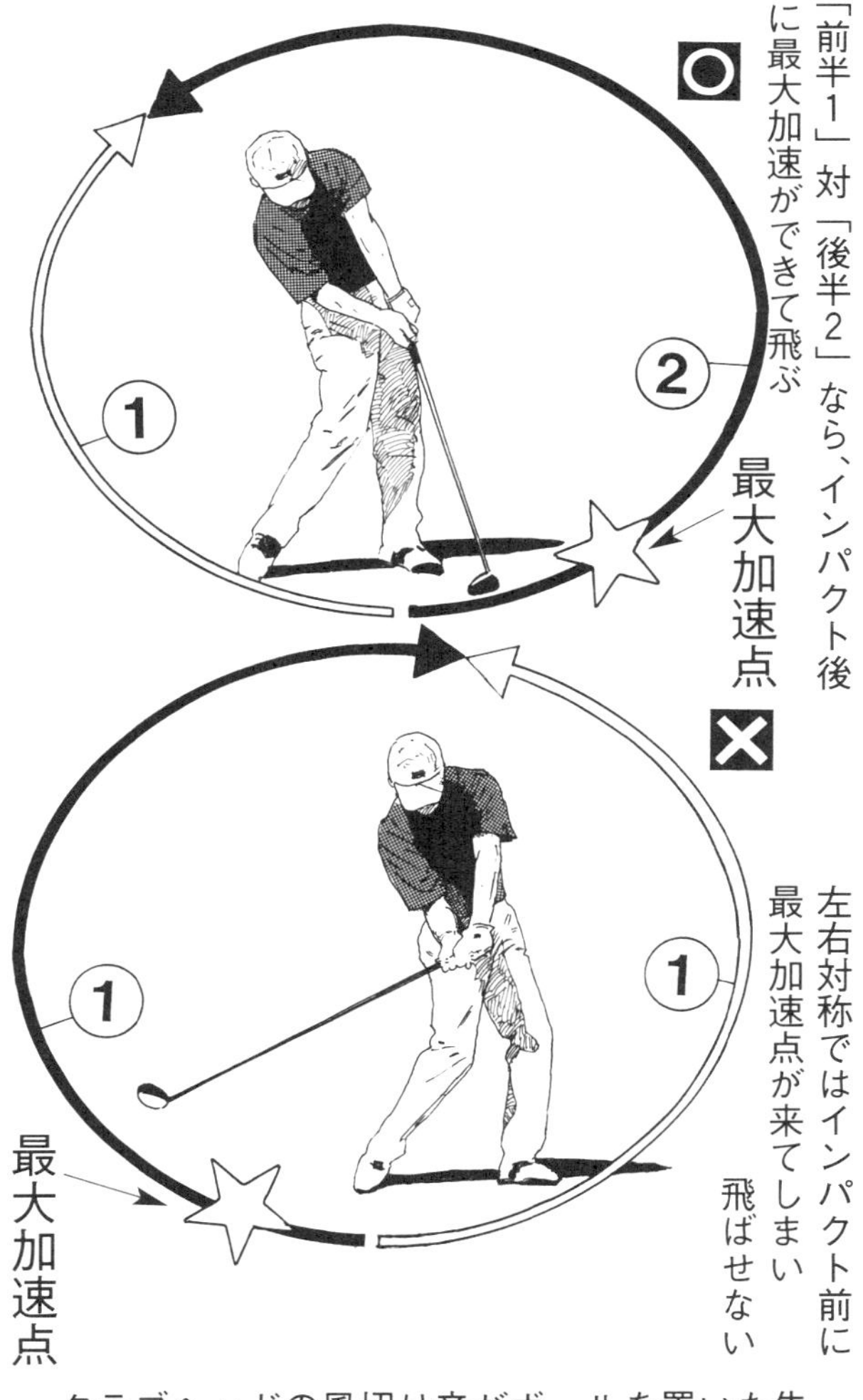
◎
「前半1」対「後半2」なら、インパクト後に最大加速ができて飛ぶ
1
2
最大加速点
×
左右対称ではインパクト前に最大加速点が来てしまい飛ばせない
1
1
最大加速点

クラブヘッドの風切り音がボールを置いた先に来る素振りになっているか

一般人、たとえば私などのヘッドスピードは秒速四三から四五メートル、これがタイガー・ウッズくらいになると五七から六〇メートルにもなります。ちなみに、ボールの飛距離はヘッドスピードの二乗に比例します。これは物理学上の冷徹な原則です。悲しいかなタイガー・ウッズと私の飛距離の違いがわかろうというものです。

トップから振り下ろされたクラブは、ヘッドスピードをだんだん加速しながら、ボールを捉えにいきます。地上に静止しているボールの運動量はもちろんゼロ。しかし質量があるので、当たった瞬間にクラブは抵抗を受け、ヘッドスピードは二〇パーセントほど落ちることになります。

問題は、どこにヘッドスピードの最大加速があるかなのです。二対一のスイングアークでは、インパクト以前に最大加速の状態に達してしまいます。一対一では、まさにインパクトの瞬間ということになります。これが一対二のスイングアークでは、ボールの先三〇～四〇センチのところで最大加速になるのです。

一対二のスイングアークでは、ヘッドがボールに当たって抵抗を受け、スピードが二〇パーセントほどロスしても、これに打ち負けずに三〇～四〇センチ先の最大加速ポイントに向けて、クラブを振り抜けられる、つまり理論的には、インパクトにより弾けたボールを、さらに打ち運ぶということになるのです。

ボールがホップするように伸びる。それというのも、インパクト時にヘッドスピードは二〇パーセントほどロスしても、ヘッドスピードの最大加速ポイントがもっと先にあるからです。言ってみれば、野球の松坂投手のスピードボールが打者の手元で一五五キロに伸びるのと同じこと。ちなみに、スピードガンはボールがリリースされたときの測定値、つまり初速を測ったものです。これで、スイングアークは一対二でなければならない理由を納得いただけたのではないでしょうか。

どこで、自分のスイングのヘッドスピードは最大加速に達するかは、ヘッドが風を切る音で判断することができます。もちろん、最大加速ポイントで、ビュ～ンと風切り音が発せられます。素振り練習をするときは、一打一打、この風切り音を確かめながらするようにしましょう。フォームを整えるよりも、風切り音をチェックするのです。逆に言えば、風切り音がボールの置かれた先でするようになれば、フォームは自然と整ったものになっているはずだからです。

膝を絞るから下半身のバネが利かなくなる

アドレスはO脚にとるだけでいい

膝についても、ギプスをはめるような困った教え方が横行しているようです。ワインドアップ（テイクバック）のとき、体が右側に流れないように、両膝を内側にぐっと絞った態勢でクラブを振り上げろというのです。もしかしたら、いまもこのように膝を内側に絞ってアドレスしたりしていませんか。この、膝を絞ることにより、一見、下半身はがっちり固められたような安心感が得られます。しかし、それでわざわざ飛距離を殺しているとしたら、何ともったいないことでしょう。わざわざギプスをはめるという愚を犯しているわけです。

「えっ、なぜ膝を絞ってはいけないのですか？　私はそう教わっていますが」

上級者の中にも、このような膝の絞り方を長い間し続けてきた人がいます。運動の原理・原則から見ると、何とも困ったものです。

「どうして、いけないんですか？」

体のバネを利かしようがなくなるからです。バネを利かさないとボールを遠くに飛ばすことなどできません。ワインドアップ（テイクバック）で全身にバネをこめ、ダウンスイングでそれを解き放つことでボールは飛ぶのです。

アドレスでは、膝は柔らかく保たれていなければなりません。運動形態学でいうと、膝頭《ひざがしら》の骨頭《こつとう》、つまり膝の先端がつま先を向いているときが、膝がいちばん柔らかい状態なのです。またそれが、膝のいちばん正常な姿なのです。

その正常な姿に、どうしてわざわざギプスをはめる必要があるのでしょうか。膝を内側におくりこんで下半身のバネを殺してしまう。要するに、弾性体としての動きを抑えてしまうので、当然ボールは飛んでくれません。

一般に、スポーツマンはO脚がいいとされています。それはO脚の状態で下半身のバネを利かせていくのがベストだからです。とくに、ジャンプ力を要するようなバレーボール、バスケットボールなどでは、一流になれるかどうかは、O脚であるかどうかと非常に関係しているのです。

私が専門としているバレーボールの選手の素質を見るときに、背の高さやジャンプ力、キャリアよりも、足の形がO脚かどうかをチェックするくらい大切な部分なのです。

少し前、大相撲の人気力士にも典型的なX脚の持ち主がいました。平幕優勝の経験もある、優れた体つきをした実力もある関取だったのですが、いい成績が続かないまま引退してしまいました。それは、彼がいつも膝のケガに泣かされていたからです。X脚の人はケガをしやすいのです。これは、X脚の人は、O脚の人にくらべて、全身の反応時間が遅いという理由があるためです。そのために、立ち合いなど、また、土俵際に攻め込んだときちょっとはたかれても、パタンと前に落ちてしまう。まさにそのタイプなのではないでしょうか。

☆膝を内側に絞っては飛ばない

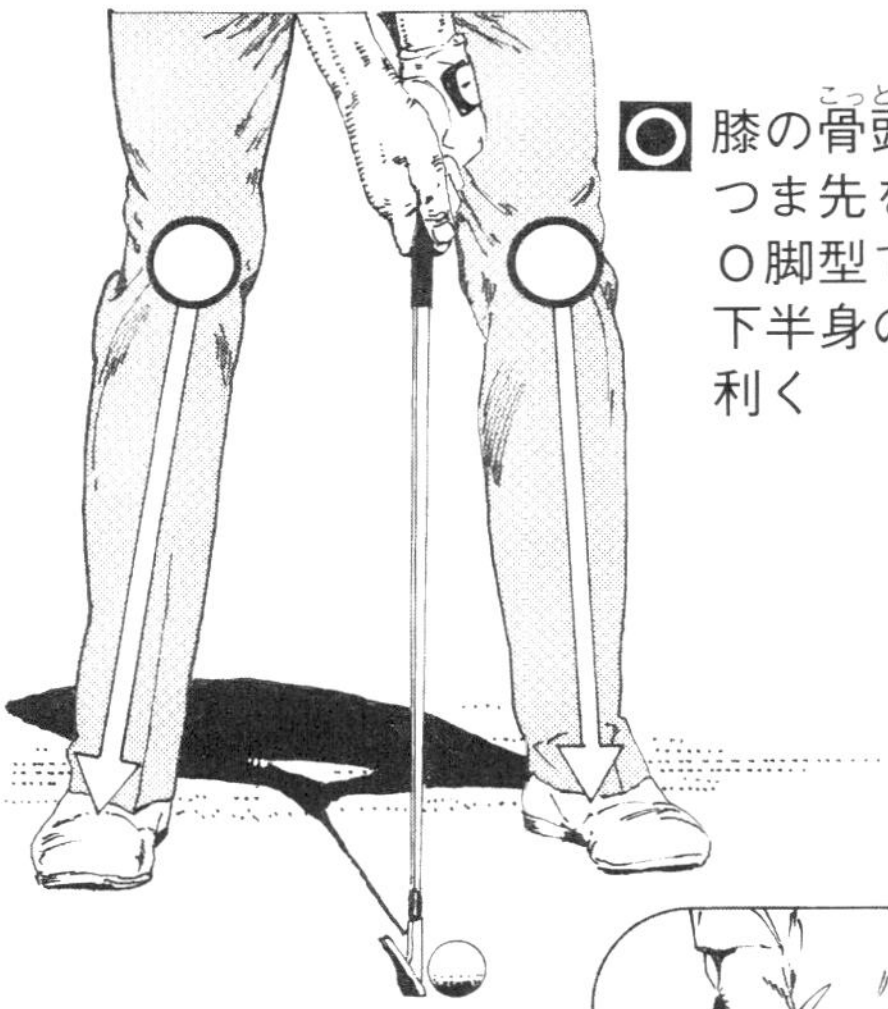

◎ 膝の骨頭《こっとう》が
つま先を向く
O脚型で
下半身のバネが
利く

膝を絞っては
下半身のバネを
殺してしまう

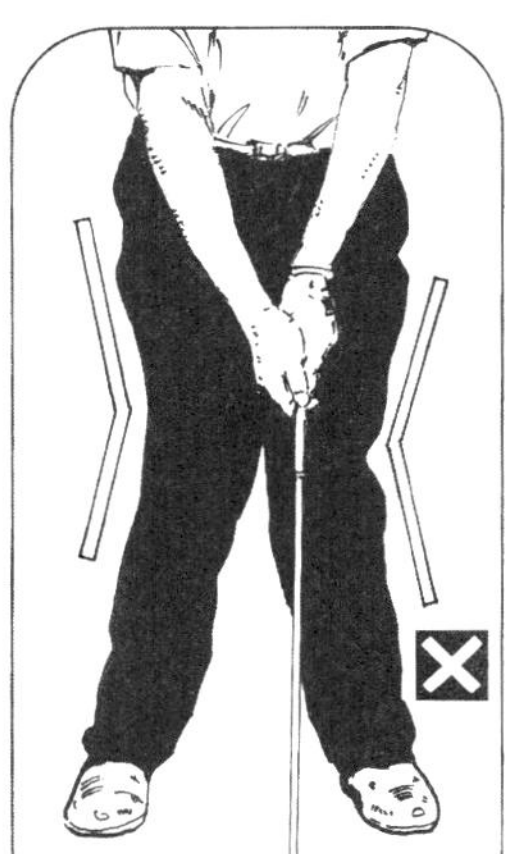

膝を絞るX脚型では全身の反応時間
が遅れ、飛びの瞬発力が生まれない

相撲取りたちがケイコとして股割り、四股《しこ》踏みを昔からの練習法としているのも、O脚づくりで、とっさの判断力を磨き（反応時間を早くし）、ケガをも防ぐという知恵から生まれたことなのかもしれません。

膝を絞って構えるもうひとつの弊害

ゴルフの場合、膝を内側に絞ることによって、ボールが飛ばないということのほかに、オーバースイングになるという弊害も生じてきます。

内側に膝を絞ったままワインドアップ（テイクバック）をすると、腕を後ろにラクにもっていける。そのために、腕が勝手に動いてしまうわけです。腕の動きにたいして歯止めが利かないから、どうしてもオーバースイング気味になってしまうのですが、オーバースイング状態からは、トップでいちばん大切とされる滑《なめ》らかな切り返しなどできるはずがありません。「オーバー（過剰な）」という状態自体にすでに、次の動作に対してムリが生じてしまうわけです。

では、どうすればオーバースイングを防ぐことができるのか。

O脚気味にゆったりとゆるめた両膝、さらには大腿部の大腿《だいたい》四《し》頭筋《とうきん》にウエートがのった状態でアドレスをとることです。この状態こそが、バネの、パワーの源泉であり、オーバースイングを防ぐ構えとなるのです。この状態からテイクバックに入ると、腕が後方にオーバーすることはありません。

実際にやってみれば納得されると思いますが、右膝にきちんとウエートが乗っていれば、上体は必要以上な動きをすることなどできません。

ですから、決して膝は内側などに絞りこんではいけません。むしろ、ガニ股気味に構えてきちんとウエートをのせるようにします。もともとX脚の人は無理に開く必要はありませんが、実際の膝の向き以上に、不自然に両膝を絞らないようにしましょう。

「右足が沈みこむくらい」の驚きのウェート感覚

膝にきちんとウエートをのせるコツがあります。ゴルフを長年やってきた人の中にも、これがわからない人がいます。そういう人には「右膝でしゃがみ込むようにしてごらん」とアドバイスし、私は、図のように右足斜め前方の地面にある球（小石）を拾うようにしゃがみ込んで見せる。

するると、たいていの人は「エッ、そんなに！　それではしゃがみ込むというより、座り込むんじゃないですか」と驚く。

地面の球（小石）を拾うようなデモンストレーションをするのも、膝にウエートをのせることを、それも生半可にのせるのでないことを実感してもらいたいためなのです。

「そうすると、体重移動なんてものではないですね？」

「そう、気持ちとしては沈み込む、結果として体重移動」

「でも、沈み込むと、体が上下動しませんか？」

「少しくらい上下動したって、ボールはちゃんと打てますよ」

と、再び私は、体をぐっと沈ませ、上下動しながら打って見せる。実際にやって見せると、たいていは納得してもらえます。

☆飛ぶ体重移動を知る方法

右足斜め前の球を
左手で拾うくらいに
沈みこむ
拾い上げたらインパクトへ
向って起き上がる

この「沈みこみ」が右膝に体重が乗る感覚

いちばんいけないのは、膝にウエートをのせずに、上体を伸び上げてからダウンスイングすることです。これだと、クラブはオーバースイング状態で、バックスイングで得られるはずのパワーは蓄積されないままにクラブを振り下ろすのですから、インパクトでヘッドスピードは上がらず、ヘッドがスクエアにボールをヒットすることはできません。かつ、ボールは飛ばない。言ってみれば、悪循環の極みなわけです。

「そうか、バックスイングでは右足を沈み込ませるくらいの意識で、ウェートをのせなければいけないんですね」

「そうです」

これで、膝にウエートをのせたO脚スイングが、「運動の理」にかなったことをおわかりいただけたはずです。

右足にしっかりとウエートをのせる。そうすることで、あなたのバックスイングは、自分にこんなパワーがあったのか、という驚きのパワーに満ちていながら、コンパクトなスイングアークへと変わるはずです。

「左の壁」で20ヤードは損をする

「左足一本に体重をのせる」だけでいい

「先生、私は左の壁ができてないじゃないか、と練習場でレッスンを受けるたびに指摘されます。どうすれば左の壁は作れるんですか？」

「いや、作らなくていいんです」

「……？」

「左の壁」をきちっと作りなさい。こういう「教え」もよく耳にします。そのためにはダウンスイングからインパクトにかけて、左足を突っ張るようにしましょう。すると、体の左側に壁を作ることができます。こんなふうに教わり、その教えをずっと信じている人も多いでしょう。

左の壁を作りなさい――これも残念ながら悪しき「ギプス」のひとつです。

たしかに、スイングの分解写真の中から、ダウンスイングからインパクトにかけての一枚の写真を見ると、「左の壁」というものが形づくられているように思われます。これを見て、やはり左の壁はあるのだと錯覚したとしても不思議ではありません。

左の壁。

言わんとすることはわかります。たしかに初心者にはわかりやすいでしょう。しかし、わかりやすいだけに、逆に言うと、困ったことになってしまう。

それは、教わる人が、左の壁を「左の体の側を止めること」と理解してしまうからです。また、教える側も、左の体の側が止まれば、「はい、よくできました」ですませてしまうのです。

多くのプロゴルファーを教えるプロであるデビッド・レッドベターは、ゴルフのスイングを「酒ダルの中で自分の体が回っている」と表現しています。彼は、スイングというものを、一枚の写真のように切り取って考えてはいないのです。おそらく、彼にとっては、「左の壁」などというものは理解不可能なものにしか映らないはずです。

私は、「左の壁」を「左足一本に体重がのること」だと言い換えるべきだと考えています。体の左側に壁を作るのではなく、左足にきちんと体重をのせる。こう言うと、理解し、納得してくれます。

しかし、中級レベルの人の中にも、「左の壁」を足を突っ張ることと思っていた人すらいました。

「左足一本に体重をのせる」、これで十分なのです。基本的に、「壁」という言い方がおかしい。ある意味では、罪つくりな表現ですらあるのです。

壁を作るとインサイドに振り抜けない

ゴルフのスイングは回転運動である、ということをよく考える必要があります。その回転運動の流れの中に、壁という形、壁という静止状態が作れるものでしょうか。

動きの中の静止状態とは、ちょっとヘンではありませんか。

皮肉なことに、「左の壁」を忠実に形づくっている人ほど、クラブをインサイドに振り抜けず、クラブフェースを開いたままで、インパクトを迎えることになるのです。開いたままフェースがボールに当たるので（当たるというより、こする）、ボールは大きくスライスしてしまう。

「左の壁」なんて忘れてしまいましょう。レッドベターの言う「酒ダルの中で自分の体が回っている」ように、思い切って体を回転させるのです。

タイガー・ウッズやアーニー・エルス、日本選手であれば今田竜二プロなどは、フィニッシュで右肩がグリーン上のピンを指すくらいに回しています。思い切って体を回しているからそうなるのです。腰を止めて「左の壁」なんて作っていません。ただ、肩を素直に回している。

体形はまったく異なるのに、みな飛ばし屋として知られています。要は、体形ではなく、回転なのです。

それに、高速回転してきた腰を急に止めることをすれば、腰を痛《いた》める恐れがたぶんにあります。

また、「左の壁」を作れば、ターゲットラインに真っすぐにクラブが出るようになる。これもよく言われることです。

「私もクラブは前方に真っすぐに出すつもりでスイングしなさい、と教わってきました」

「クラブを真っすぐに出すことは絶対に不可能です。なんとなれば、スイングは回転運動だからです」

「言われてみれば、たしかに不可能ですね」

繰り返します。

スイングとは円運動なのです。当然、その先端に位置するクラブフェースも円の軌跡を描くことになります。ターゲットラインに真っすぐにクラブを出すということは、円の軌跡のある通過部分を、真っすぐにせよということなのです。そんなことは不可能です。

たとえば、パターであってもそのスイングは円運動です。たしかに、見た目は直線的なラインですが、円運動のある一点でしっかりボールを捉えているのです。パッティングと言えども、ボールの前後一〇センチを真っすぐにスイングするなんてことはできません。

先日、テレビのトーナメント中継であるプロの優勝インタビューを観ていたところ、

「パッティングが回転運動だということがわかってから、パターがよく入るようになった」

と、彼は言っていました。

大切なことは体をしっかり回すことです。「左の壁」のことは忘れましょう。「左の壁は災いのもと」こう覚えておきましょう。

「頭を動かすな」では飛ぶわけがない

視線さえ外さなければいい

「先生、頭をピクリとも動かさない人の動きって、ぎこちなくありませんか？」

「そう思うでしょう」

頭を動かすな、これも飛ばない原因と言われたら驚かれるかもしれません。でも、「頭を動かしてしまうと、クラブフェースでボールをきちんと捉えられないのではないですか？」

そんなことはありません。ボールは本来、動いて打つものなのです。野球のピッチャーだって、頭を動かさないとボールは投げられません。

ただ、視線は外してはいけません。視線を外さないかぎり、頭は動いてもいいのです。

人間の目は実に精密にできています。頭を動かさないから、空振りせずに上手く当たるのではなく、視線を外さないからボールを捉えられるのです。自分の〝視線の力〟を信じてください。

一度、思い切ってやってみて、納得してください。

頭の位置を固定して、ボールを打とうとしても打てるものではありません。スタンスの範囲内でなら、頭が動いてもかまわないのです。

というより、スタンスの範囲外にまで頭を動かそうとしても、動かせるものではありません。

しかし、スタンスを広くとっている人はこのかぎりではありません。スタンスが広いぶん、頭もよけいに動いてしまうからです。

スタンスを広くとることの弊害は、この後にも指摘しますが、ここにもあるのです。

スタンスはあくまで肩幅でとりましょう。肩幅の範囲内で頭が動いているぶんには何の弊害もありません。

頭はスイング中は動いて当たり前、いや、動かしたほうが飛ぶ、こう思っていただいてかまいません。

「頭は動いて当たり前？」

「そうです」

「そう言ってもらうと、なんだか頭のことを意識せずに打てそうです」

「ボールは頭で打つのではないんですからね」

ワインドアップ（テイクバック）で右足にウエートが移動してきます。右足にウエートが移動すれば、体全体が右寄りに動くのは、運動力学上、当然のことです。体が右寄りに動かないほうがヘンなのです。

ただし、視線はボールから外さないようにしましょう。また、トップの切り返しからインパクトにかけては、ボールを見る角度を変えないようにします。

体の「軸」も動くのが当たり前

乱暴に言えば、頭が動きながら、ボールを打ちにいってもいいのです。ワインドアップ（テイクバック）から、ダウンスイング、そしてフォロースルーという、一連の体の軸を中心とする円運動の中で、頭が動くのは当たり前のことなのです。体の軸と関係なく、頭が動くなんていうことはないのです。

むしろ、頭を動かすなどと、頭を固定させるほうがおかしいのです。運動の法則に反しているわけです。

これまで、体の軸ということを話してきましたが、これについても誤解されている人が少なくないようです。

私が言う体の軸とは、地面に突き刺さって、動かないような軸をさすのではありません。軸はたしかに、体の中心にあるのですが、固定しているものではありません。

「固定しているのではないのですか？」

☆「軸」のカン違いも飛ばない原因

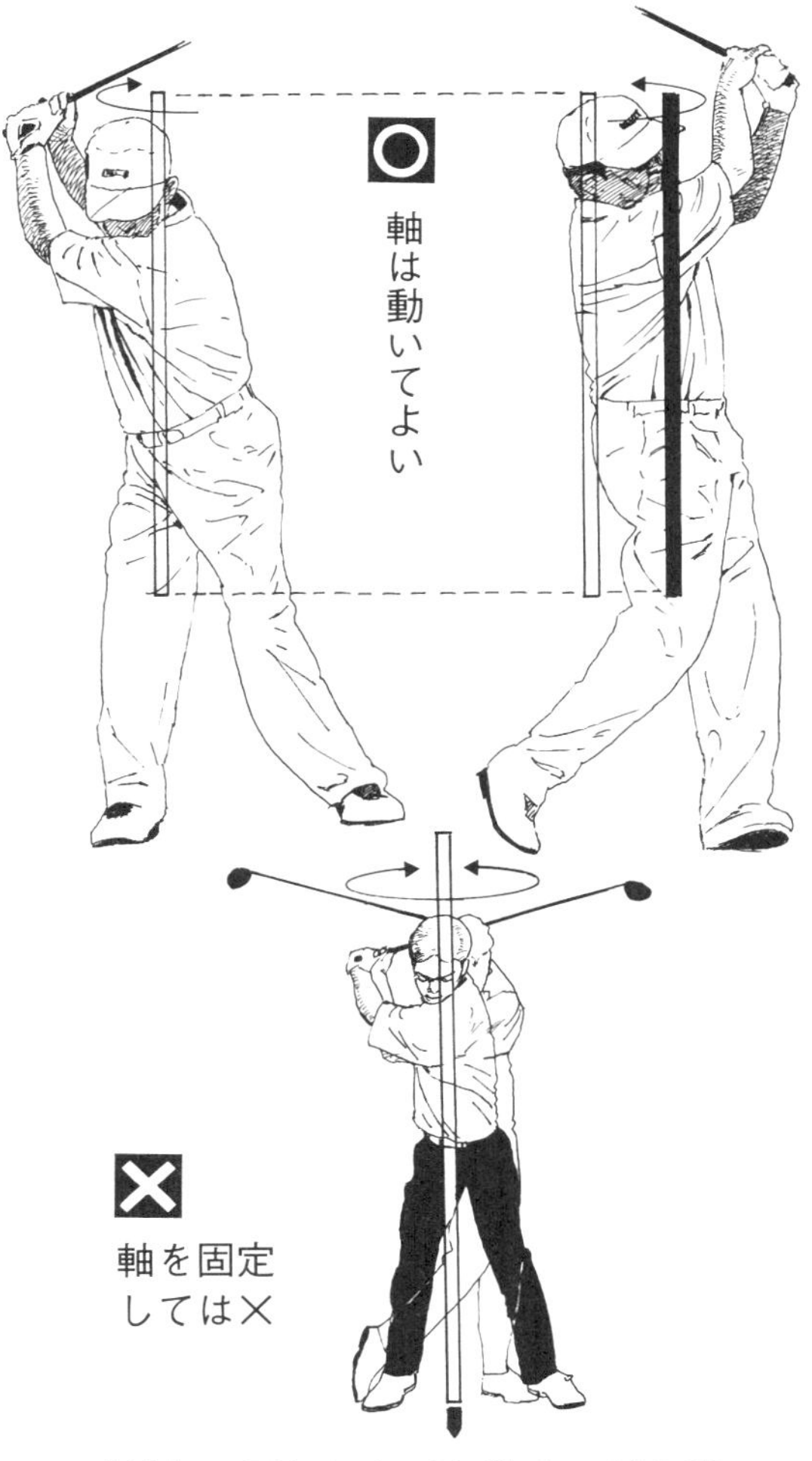

「軸」は回転しながら動くのが自然。
固定させていては飛ばない

「固定などしてません。よく、体の軸を固定して回転させなさいという言い方がなされていますが、じつは、これがいけないんです」

私は、「軸を固定して回転させなさい」とは言いません。軸は、回転しながら動いてもいいのです。当然、軸の先端に連なる頭も、動くことになります。体が回転している中での動きは、自然なのです。

「そういうことだったんですか。それなら、私にも理解できる」

あなたも、「頭を動かすな」という誤った呪縛から解き放たれたのではないでしょうか。

視線をボールから外さなければ、頭は動かしてもいい。こう覚えましょう。きっと、スイングがラクになり、ボールの飛距離が変わってきます。

第2章

「よい運動の法則」は
ゴルフにも当てはまる

よい運動の法則1「不安定要素に満ちている」

——体が安定していたのでは、ボールは飛ばない

〝不安定〟がすごいパワーを生む

「ボールを大きく飛ばすには、まずは体を〝不安定〟にすることが大切になります」

すると、たいていこういう反応が返ってきます。

「先生、〝安定〟の間違いでしょ?」

間違いではありません。〝不安定〟でいいのです。

ゴルフにかぎらず、運動するということは、体を不安定要素で形づくることなのです。たとえば、もっともシンプルな運動形態である歩くことを例にすれば、わかりや

すいと思います。

われわれは歩くとき、足を右、左と交互に出します。右足を前に出し、そこに体重を移し、右足に体重が完全に乗れば、次に左足を出して体重を移す。この繰り返しの、瞬間、瞬間は、言ってみれば一本足の実に不安定な状態。つまり、不安定要素の連続が歩行というわけです。

なぜ、わざわざ体を不安定にするのでしょうか？

不安定にすることで、体に反動動作を生じさせるためです。「反動動作」とは、たとえば、野球のボールを投げるときに、まず腕を後ろに引く（ふりかぶる）動作です。当たり前のことのようですが、これは結構高度な作業で、それが証拠に、幼児にボールを投げさせると、決まって、もったその位置から、前に押し出すようにします。

これに、「反動動作」をすると、上手く投げられるぞ、とだんだん知恵がついてきて、遠くへ投げられるようになるのです。

プロ野球のイチロー選手の打法なんて、ある意味では不安定の極みです。あの不安定要素に満ちたスイングこそ、「反動動作」を起こすことで、あの細身の体から生み出される彼のパワーの、そして正確なヒッティングの源なのです。かつて王選手（現福岡ダイエーホークス監督）がホームランを量産できたのも、あの一本足打法という不安定な形を打席の中で自ら作り出したからです。

「ゴルフも同じなのですね？」

「そう、ゴルフだって立派な〝運動〟ですから」

たとえば、アドレスで両足をがっちり構えて安定させ、そのままクラブを振ってみましょう。

膝が固定されているために、腰を回せません。腰が回らないから、体にパワーを蓄えることができない。

ゴルフの飛ばしのモトは、腰を高速回転させるための体のヒネりにあるのに、つまり体を不安定要素に満ちたものにしていかなければならないのに、それがまったく働かないのでは話になりません。

では、どうしたら〝不安定〟になるのでしょう。

答えは簡単です。

最大に飛ばす運動の法則①

☆「反動動作」を生かす

腕がトップに行く寸前に腰は回り始める。
これが飛ばすための「反動動作」

私は、スタンスを狭くする、せめて肩幅までにすることを勧めています。とくに太った体型の人は、狭く狭くすべきです。ところが、ついスタンスを広めにとりがちです。これらの方々は、そうすることで安定したスイング、ラクなスイングができると思っているからです。しかし、逆なんです。体型的にただでさえ体は回しにくいのに、スタンスを広くとることで動きが窮屈になり、腰もさらに回しにくくなってしまう。スタンスはあまり広くとらないほうが、腰は回しやすいのです。腰を回しやすくすることで、われわれの動作に不安定要素を加えるのです。

スイングも〝慣性の法則〟にまかせればいい

あなたも、〝慣性の法則〟ということを聞いたことがあるはずです。静止しているものは、いつまでも静止し続けようとする、動いているものは、ある方向に動き続けようとすることを言ったものです。

静止しているものが動き出すときには、意外にエネルギーを必要とするものです。

よくお年寄りが、「よっこらしょ」と声をかけながら、ずいぶん大変そうに立ち上がろうとします。しかし、いったん立ち上がると、あとは意外にスイスイと歩き始めます。つまり、いったん動き出しさえすれば、慣性の法則が動き続けようとするので、それほどエネルギーは必要としません。

ゴルフスイングだってそうです。

いったん動き出したスイングに、よけいなエネルギーは必要ありません。逆に、不必要な力を加えたり、体を硬くしてパワーの伝動を邪魔するために、ボールは飛ばなくなってしまうのです。慣性の法則にまかせればいいのです。

いったん不安定要素を作ったならば、あとは、相反する動作のせめぎ合いと慣性の法則にまかせておきましょう。ボールは素直に飛んでくれます。

よい運動の法則2 「運動には回路がある」

――ムチのように腕を振れば、ボールは飛ぶ

外へ、外へと伝わる「運動の回路」の作り方

「ボールは何百発も打って、打ち方のコツを筋肉に覚えさせるんだ」

こんな思い込みから、手にマメができるくらい懸命に打ち込んでいる人を見かけます。言っておきます。筋肉には記憶装置はありません。やみくもに打っても、筋肉は記憶してくれません。筋肉がただ疲れるだけです。

少し理屈っぽくなりますが、人体のメカニズムの話をしなければなりません。

なぜなら、そのメカニズムに沿えば、上達や飛びを得るために遠回りをすることが

なくなるからです。

　われわれがある動作をするとき、運動命令が大脳から発せられます。その命令内容は、先天的に大脳に記憶されていたものではありません。われわれ自身が大脳に刷り込んだものです。

　記憶された以外のものを、われわれは動作として再現することはできません。大脳にある動作を記憶させるためには、「運動の回路」というものを作る必要があります。

「運動の回路とはなんですか？」

　一言でいうと、われわれの体で形づくられる一連の動作のことです。われわれの動作というものは、末端神経から中枢神経を経て、小脳、大脳へと伝わり、記憶されるのです。

「運動の回路が脳にきちんと伝わらないといけないわけですね」

「そうです」

「そんなもの、誰でも自然に伝わるのではないですか？」

「ところが、普通なら伝わるものを、わざわざ伝わらないようにしている方がいるのです」

「えっ、なんできちんと伝わらないのですか?」

「理にかなっていない体の動きをするからです」

たとえば、グリップを、利き腕でない左手主導でぎゅっと握ってしまう。ぎゅっと握ってしまうと、肘《ひじ》や関節の動きが固くなる。そのため、スイングの際、腕が棒切れのような動きをしてしまう。ゴルフの下手な人ほど、ギプスで固められた状態のまま腕先から動き始めるのです。これでは、いい運動の回路を作ることはできません。

一方、上級者は体の中心軸から回転を始めます。その回転は外へ、外へと伝わり、腕が引っぱり上げられていきます。そしてトップで動きを切り返し、再び、体の軸を回転させながらダウンスイングへと移っていく。このとき腰の回転速度は最大となり、腕は体に巻きつくように、ムチのように振り下ろされます。これが、いい運動の回路です。

「シャフトのしなりを感じて打て」

などというレッスンも聞きますが、もちろんシャフトも大事ですが、その前の腕が

最大に飛ばす運動の法則②

☆「運動の回路」を生かす

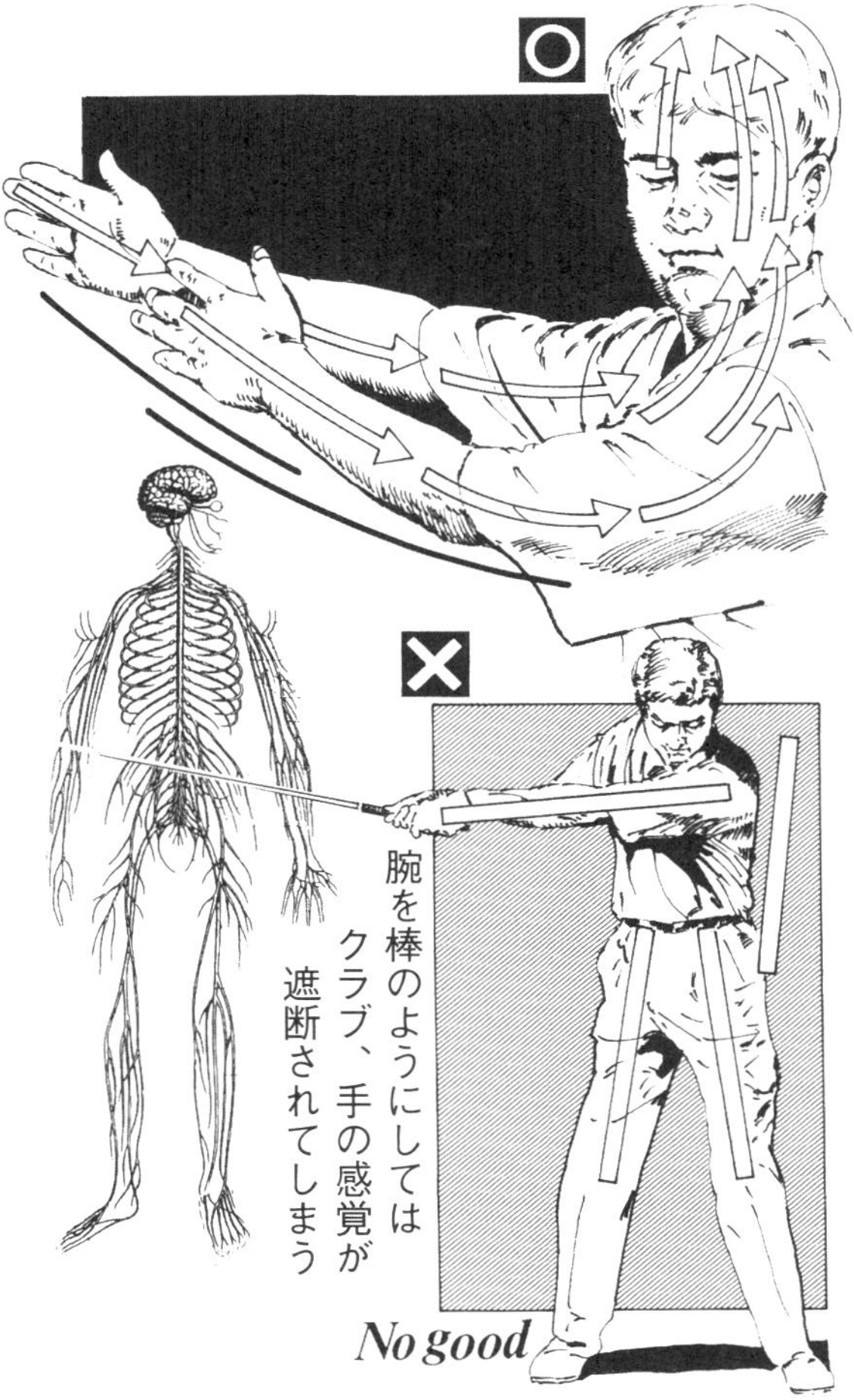
○
×
腕を棒のようにしては
クラブ、手の感覚が
遮断されてしまう
No good

腕は固めずムチのように使うと
大脳への「回路」が通じる

しなやかに動かなければなりません。

腕がムチのようにしなやかな動きをするためには、腕に余分な力を加えないこと。リキむから腕がムチではなく、棒になってしまうのです。

「なるほど、なんとなくわかってきました」

記憶された運動の回路は、大脳がこれを使ってみようと命令を出すと、一定の動作として再現されます。われわれはこうして、技というものを会得していくのです。そこで、練習でも一打一打をおろそかにしてはいけない、というわけです。一打一打を大脳にしっかりと記憶するようなつもりでショットすることが大切なのです。

そのためにはいつも、腕をムチのように振るように心掛けましょう。ムチのように振るには、グリップと肘によけいな力を入れないこと。換言すれば、体の回転力を素直にクラブヘッドに伝えるようにすることです。なお、運動の回路をよりよく作り上げるためには、リラクゼーションということも深い関係がありますが、それについては第3章でお話しします。ここでは、よい「運動の回路」ができれば、ボールはより遠くに、より正確に飛ぶようになると覚えておきましょう。

そして「運動の回路」の法則を知っていると、多くのゴルファーのとんでもない間違いに気づきます。

それは、「フォーム改造」です。

いままで述べてきたように、フォームは「運動の回路」にしっかり記憶されてきたものです。それを一から作り直すのは、人体メカニズム上、大変な努力と時間、負担を強いるものであるのです。よく、

「いま、フォームを改造中なんだ」

と簡単に話しているゴルファーを見かけますが、運動の専門家から見ると、

「こりゃ、大変なことを始められたなぁ」

と気の毒に思ってしまいます。

長い時間かかってもいいから、いまのフォームを本格的に「改造」しようと取り組むのならともかく、「部分修正」でも、〝運動の法則〟に沿ってさえいれば、もっと飛ぶようになるのです。

あなたの「運動の回路」を大切にしながら、ゴルフを楽しみたいものです。

よい運動の法則3「力は伝動する」
——腕の力を抜けば、最大のパワーが伝わる

体の全パワーをスムーズにクラブヘッドに伝えるには

くり返しになりますが、ゴルフは基本的に、ボールをより遠くに飛ばすスポーツです。

ボールをより遠くに飛ばすためには、まず、効果的な力の使い方を覚えなくてはなりません。あり余るパワーを、あるいは、少ないパワーをふり絞っていたずらにブンブン振り回しても、かならずしもボールを遠くに飛ばすことはできません。多くのプレーヤーを見ていて、実感されているはずです。

飛ばしの要素はどこにあるのか。序章でも述べたように、クラブヘッドに最大のスピードをのせること。これに尽きます。

私は、順天堂大学のバレーボール部の監督とともに、体育の授業ではゴルフを教えていました。私が大学でゴルフを教えているからには、私にゴルフに関するそれなりの技術、知識、経験があったのだろうと想像されるでしょう。もちろん〝運動〟については専門ではありましたが、ことゴルフに関しては、授業を担当するまでクラブを握ったことすらありませんでした。これ、本当です。

昭和四八年の二月のことでした。私は突然、大学からゴルフの授業を四月から担当せよと言われたのです。クラブを握ったこともない私に、「二カ月も準備期間があれば十分じゃないか」と言うのですから、いま振り返ってみても、なんとも乱暴な話です。

当時、私は三〇歳を過ぎていました。いくら体育の教官とはいえ、これからまったく未経験なゴルフを、学生に教えられるまでに習得しなければならないと思うと、さすがに気が重くなってしまいました。しかし、やるしかありません。

早速、近くの練習場に行きましたが、練習ボールをどう準備するかもわからないのです。そして、その練習場の斎藤さんという六〇歳代のレッスンプロの方から、7番アイアンの打ち方から教わりました。最初は、9番でも、5番でも同じ距離しか飛びません。その後、四月になって、フルセットのクラブを手にし、初めてコースに行きました。スコアは145（72・73）。

「川合はきれいなフォームなのに、なんで飛ばないんだ」

と同伴プレーヤーに言われたことが、いまでも忘れられません。

こんな具合で始まった私のゴルフですが、この斎藤さんは何も知らない私に実にシンプルにゴルフを教えてくれました。たとえば、体の回転にしても、「肩をキリキリと回して」などとは言いません。

「肩を九〇度ヒネると、腰は四五度にヒネることができます」

ただ、これだけ。さらに、

「肩がうまく回らなかったら、腰から回してもかまいません。腰を四五度ヒネれば、肩は九〇度回るんです。好きなようにやっていいんです」

それからは、腰を回転させることを意識して練習しました。

腰をうまく回転させられるようになってから、俄然《がぜん》、ボールが飛ぶようになりました。

レッスンを受けてから三カ月経った頃だったと思います。

「そうか、ボールは体の回転で飛ばすのか！」

私はこのとき、ボールの飛ばしの秘訣を実感したのでした。不思議なもので、ボールが飛ぶようになると、ゴルフがとても楽しくなってきました。

そして、半年後、ハンディを30もらったコンペでは91（43・48）で回って大勝利を収めてしまったのです。

ゴルフの場合、スイングパワーの源泉はわれわれの体の中心軸にひそんでいるのです。この中心線をできるだけ速く回転させ、その回転力が腕に伝わり、クラブヘッドに伝わっていく。

要は、回転力をいかにスムーズにクラブヘッドに伝えるかなのです。これを「力の伝動性」と言います。

体の回転力がクラブヘッドに素直に伝わり、きちんとスイートスポットに当たりさえすれば、ボールは面白いように弾け飛ぶのです。もし、あなたの打ったボールが弾けるように飛ばないとすれば、それは体の回転力がきちんとヘッドに伝動していないからです。どこかでロスがあるのです。

体の軸で発生した回転力は、体の外側に向かって伝えられます。まず腕に伝わり、腕からシャフト、シャフトからヘッドへと、言ってみればムチがしなうように伝えなければなりません。

当てにいく、合わせにいく弊害

「そういえば、タイガー・ウッズのスイングは、回転した体に、腕がムチのように絡みついていているような感じがします」

と、最近スコア100を切ったと喜んでいた、知り合いの三〇歳代の男性が言いました。100を切ると、ゴルフがだんだん楽しくなってきます。

「その通り。なかなか、よく観察しているね」

「でも、私なんか、とてもあんなマネはできません」

私はすぐに彼の打ち方を見てみました。

「クラブヘッドをボールに当てにいっているね」

「え、ボールに当てにいってはいけないんですか？」

「いけないね」

「そんな……」

彼は、１００を切ったのもつかの間、また悩むことになるのでしょうか。

で、私は、クラブの風切り音がインパクト後に聞こえるような素振りを彼に見せてあげました。

「キミの風切り音はインパクト寸前、私のはインパクトの後。違いがわかっただろう」

「ピュッ」という風切り音がどこでするか。スイングレベルのチェックにはもってこいの指標です。やっと、彼も納得してくれたようです。

「先生と私では、風切り音のポイントがまったく違うことはわかりましたが、どうすれば先生のようなスイングができるのですか？」
「簡単です。一対二のスイング（第1章62ページ参照）を心掛けることです。つねに、前半一対後半二のスイングをすることを意識していれば、フォローが大きくとれ、どこで力が最大になるべきかが自然に実感できるようになります。一対二のスイングをとることで、スイングとはフォローに向けた大きな円運動であるということがわかってきます」

多くのゴルファーはともすれば、スイングのそれぞれの局面（形）にこだわるあまり、体をムチのように使うことを忘れて、ギプスで固めた状態のままヘッドをボールに当てにいってしまう。安全を求めてしまう。これではボールは飛びません。

前にも述べましたが、ボールにクラブフェースを当てにいくと、さらに言うと、クラブフェースをボールに合わせようとすると、どうしてもクラブを振り抜くことを〝自粛〟してしまうわけです。楽しみのゴルフで〝自粛〟なんてもうやめましょうよ。

大きく振り抜かないと、最大加速ポイントをインパクト後にもっていくことなど、できません。思い切って振り抜く。それができるのが一対二のスイングなのです。

犬の尻尾に学べ

「要するにスイングというのは、犬が尻尾を振るような原理なんだ」と、メジャータイトルを何度も制したニック・プライスは言っています。プロの言うことがかならずしも正しくはないな、と実は思っている私も、これを聞いたとき、なんとも言い得て妙なたとえだなと、感心したものです。

よく犬を観察してみると、腰（お尻？）は尻尾の動きにくらべるとほんとうに小さな動きであることに気づきます。それなのに、尻尾はあれだけ振れる。これが、力の正しい伝動なのです。

なぜ、あれほど振れるのでしょうか。それは犬は腰（お尻？）も尻尾もリラックスしているからです。リラックスしているから、末端の尻尾がしなやかに振れるのです。

あなたの体の軸で発生したパワーを無駄にすることなくヘッドに伝達する、つまり、ボールの飛びをよくするには、腕の力を抜くことです。「力の伝動」には、よけいな力は必要ないのです。

もうひとつ、ヘッドスピードを上げるうえで覚えておきたいコツがあります。第1章でも述べたように、インパクトの瞬間にクラブヘッドはボールの抵抗を受け、ヘッドスピードが二〇パーセントほど落ちてしまいます。

そのため、ボールの三〇～四〇センチ先でヘッドスピードが最大になるように、一対二のスイングを心掛ける必要があるのですが、さらに、インパクトゾーンでタイミングよく右手のスナップを利かせられると、よりヘッドが加速し、飛距離もアップします。

これは、まさにアンダースローでボールを投げる瞬間、ピシッと右手のスナップを利かせると伸びるボールが投げられるのと同じ原理です。そうすることで、インパクトでボールの抵抗に負けず、俗に言う〝ボールを押し込む〟ことができるのです。

さらに、序章で紹介したA選手、B選手ともに、左右の腕の上腕三頭筋（腕の裏側の部分。おもに腕を伸ばす際に使われる筋肉）をインパクトゾーンで集中的に使っていることがデータからわかっています。

最大に飛ばす運動の法則③

☆「力の伝動性」を生かす

大きく、激しく振れる犬の尻尾のように
体の中心から出る力を先端にきちんと
伝えられればボールも飛ぶ

よい運動の法則4「運動の流動性」
——ボールは流れの中でとらえると遠くに飛ぶ

スイングには「準備」「主要」「終末」の三つの局面がある

また、ちょっと難しい話をします。

どんなスポーツも、それがよい動きなのかどうかは、運動形態学から言うと、「準備局面」「主要局面」、それに「終末局面」という三つの局面から見ていく必要があります。ゴルフでも同様です。私が学生たちのゴルフを見る際も、この「局面」をチェックしているのです。

「準備局面」とはアドレスからバックスイングまで、「主要局面」とはトップからインパクトまで、「終末局面」とはインパクト後からフォロースルーまでの、それぞれの動きの局面を言ったものです。

これらの三つの局面は、それぞれ固有の動きをしています。しかし、個々の動きを一つひとつ分解写真のように取り出して論じることはあまり意味がありません。いや、誤解を生じる恐れさえあります。

たとえば、グリップ。これを一つの独立したものと捉えると、おかしなことになってしまうのです。あくまで、体の回転にともなって生じるところの腕の先端部の動きと考えるべきなのです。

「グリップだけを独立してとらえると、おかしなことになるってどういうことですか？」

「スイングというものは、まず体の中心軸を回すことから始まり、そこで起こる円運動が外へ、外へと伝わる。ここまではわかりますね？」

「わかります」

「回転運動はグリップに伝わって終わりではありません。グリップの先にはクラブがあります。円運動は最終的にはクラブヘッドに伝わることになります」

「つまり、グリップは、円運動をクラブヘッドに伝える一通過点にすぎないと」

「そう理解すれば、逆にグリップの大切さがわかるはずです」

「グリップをスイング全体の動きの中で捉えるということですね」

「そうです」

グリップにかぎらず、スタンス、体重移動、ワインドアップ（テイクバック）、トップの位置と、すべて体の円運動との関連で考えていくと、それぞれの役割、それぞれの形のあり方がよく理解できると思います。

「先生、お説はごもっともです。では、グリップはどう握ればいいのですか？」

多くのゴルファーはどうもグリップにこだわります。

「クラブが手から飛んでいかない程度に軽く握ればいいのです」

「え、そんなに軽く……」

「逆に言えば、力を入れないように握る。先ほどから言っているように力を入れると
ギプス状態になり、本来の動きを阻害してしまうのです。グリップならいわゆる、手

最大に飛ばす運動の法則④

☆3つの「運動局面」を確かめる

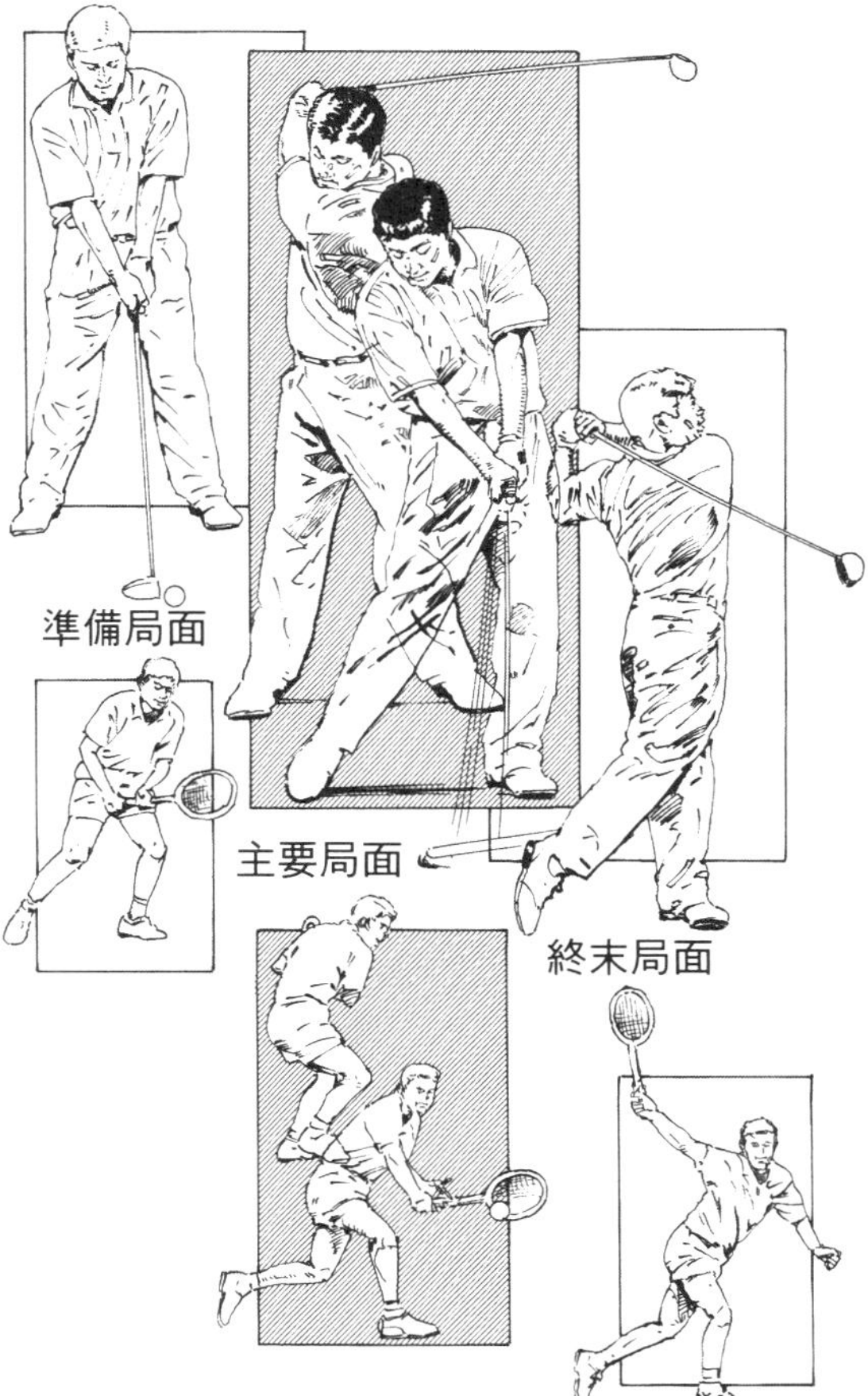

飛ばせるかどうかは、この3つの局面をチェックし、流れの中でボールを捉えるかで決まる

の中の小鳥を握りつぶさないように握る。口で言うだけでなく、本当に小鳥が入っているると考えてみてください。ほとんど〝クラブにさわっている〟くらいの状態のはずです。グリップエンドにいくほど、シャフトの径は大きくなっているので、どんなに軽く握っても手から飛び出すことはありませんよ」

インパクトに関する大いなるカン違い

スイングには三つの局面があるが、それは体の中心軸の回転との関連で考えなければならない、ということは理解していただけたと思います。

体の中心軸との関連ということでは、二つのことをよく頭に入れておいてください。ひとつは、前の項で述べたように、腰を四五度、あるいは肩を九〇度しっかり回すということ、二つ目は、右足にしっかりと体重移動することです。

この二つをきちんとやっておけば、「準備局面」は問題ありません。こうすれば、バックスイングでのいちばんの弊害である、トップの位置が耳より後ろに行ってしまうオーバースイングになることもありません。

体をしっかり回転させず、右足にしっかりと体重をのせることなしに、「トップはこの位置で止める」などという教わり方、あるいは教え方のナンセンスなことがおわかりいただけたのではないでしょうか。トップは、あくまで一連のスイング動作の中の〝ひとつの過程〟であって、「ここで止める」のでなく、「自然に止まる」というのが正しい理解です。野球で考えるとわかやすいのですが、ボールを投げるときに、わざわざトップの位置で止めることを意識しないでしょう。

初めよければ終わりよし。「準備局面」がきちんとできれば、それに続く「主要局面」「終末局面」は自然とよくなっていくものです。

「主要局面」で最大のポイントであるインパクトにしても同じこと。インパクトといえども、円運動の一通過点にすぎないのです。大事なことは、流れの中でインパクトを迎える、流れの中でボールを捉えるということなのです。プロの連続写真のインパクトの形を見て、その形をマネしようということがいかにムダなことかもおわかりいただけるでしょう。

よい運動の法則5 「角速度を高める」
——腰を高速回転させれば、ボールは遠くに飛ぶ

腰は漠然と回すからダメ。高速で回すこと

先の、スコア100を切ったばかりの彼が、こう聞いてきました。

「先生、もっと遠くに飛ばすコツを教えてください」

ゴルファーはどこまでも貪欲《どんよく》です。いや、大いに結構。

「運動学的には、体が回転する〝角速度《かくそくど》〟を大きくすることです」

と言うと、彼はとたんに首をヒネって、

「エッ、角速度？　なんかむずかしそうですね」

おそらく聞いたことのない言葉なのでしょう。そう感じるのも無理はありません。初級者から上級者まで、誰もが、この角速度とともにクラブを振っているのです。飛ぶか飛ばないかの理屈は、この角速度の差にあるのです。

角速度とは、角度の変化を時間で割ったものです。たとえて言えば、部屋のドアが「バタン！」と閉まるか、「ギーギーギー」と閉まるかの差です。

「バタン！」は角速度が速く、「ギーギーギー」は角速度が遅いというわけです。ゴルフに当てはめると、体の回転速度のことになります。これが速ければ速いほど、ボールを遠くに飛ばすことができるのです。早い話、体の回転速度です。

「もっと腰を回して！」

いままでのレッスンでも、耳にタコができるくらいによく言われた言葉でしょう。腰を回しなさい、とことさらに言わなくても、スイングをすれば誰でも腰は回るものです。問題は、いかに速く回すかなのです。

ただ、スイングすれば腰は回って当然としか考えない人と、腰を回すのは、それもできるだけ速く回転させるのは、ボールを遠くに飛ばすためということをわかっている人では、つまり、何のために腰を回すのかについて理解している、いないではスイングそのものに大きな差が生じてしまいます。

「肩はここまで回す」

「腰はここまで回す」

というのではなく、

「速く回す」

だけでいいのです。

先ほども述べたようにわれわれは、さまざまな動作を、運動の回路を通して大脳に記憶させ、それを必要なときに再現するのです。そのためには、動作というものが意識的に行われる必要があります。意識的に行うことで、動作に目的性が生じ、やがて技というレベルに磨かれていくわけです。何も考えないムダな練習はヤメ、というわけです。

角速度についても同じことが言えます。できるだけ腰を速く回転させることを、つねに意識する必要があります。また、意識することで速く回せられるようになるのです。意識することで、高速回転という動作を形づくっていくのです。

そんな高速回転を可能にする体づかいのポイントが、22〜23ページで紹介した外腹斜筋。外腹斜筋とは、腹直筋の両横、いわゆる脇腹に斜めに走っていて、おもに上体をヒネるときに使う筋肉です。ここをアドレスからフィニッシュまで意識してスイングをしていくと、非常に安定したボディターンが可能になるのです。

腕を振り回してもヘッドスピードが上がらない理由

腰を速く回すということがわかっていない人は、たいてい、「ヘッドスピードが速ければボールは遠くに飛んでいく、そのためには腕をできるだけ速く振るにかぎる。そのためには、腕のパワーが、とりわけ左腕のパワーが問題となる」と思っています。

「ヘッドスピードが速ければボールは遠くに飛んでいく」、これについては正解です。飛距離はヘッドスピードの速さ次第なのです。

「腕をできるだけ速く振る」、これについても正解です。

では、どこがいけないのか。「腕のパワーが問題となる」のではありません。まして や、パワーは腕で発生するものではありません。腕の大きな役目は、くり返し言う ようにパワーを伝達すること。あくまでもパワーは、体の中心軸を基点に、体（腰）を回転させることで発生するのです。この回転が速ければ速いほど、パワーは大きくなります。いくら、腕だけを力一杯振り回しても、クラブは振れてはいないのです。ヘッドスピードは出ていないのです。体の中心の軸が回っていないから、ヘッドスピードが出ないのです。

角速度を高めると、ボールの方向性も安定する

角速度を高めることのメリットは、ボールの飛距離アップを図るということだけではありません。じつは、ボールの方向性とも密接な関係があるのです。

われわれのスイングは、体の中心を軸にクラブヘッドまでの半径で、円を描きます。

インパクトとは、この円周上の一点に置かれたボールに、クラブヘッドが当たること を言います。そしてこのとき、ボールにたいしてクラブヘッドが直角（真正面から）に当たるかぎり、ボールは真っすぐに飛んでいくのです。

重みのあるクラブヘッドは、円周上をつねに、軸にたいして直角に移動します。この状態で、つまり、ボールを真正面から捉えるために、いちばん大切なことは、体の中心軸で発生したパワーを素直にクラブヘッドに伝えるということです。パワーをロスすることなく、クラブヘッドがボールに正確に当たる。当然と言えば当然です。ところが、アマチュアの多くは、パワーを素直にクラブヘッドに伝えることができないのです。

「どうしてできないのですか。何かテクニックがあるのですか？」

こう思われるのも当然です。

「テクニックなんて全然関係ありません。ただ、腕の動きが素直でないんです」

「腕の動きが素直でない？　何も変な動きをしているつもりはないのですが……」

腕の動きが素直でないということは、よけいな力を入れてしまうということです。

たとえば、先ほど述べたようにクラブを左の指でぎゅっと握ってしまう、肩と腕で作るいわゆる三角形を意識するあまり、腕の肘や関節をガチガチに固めることを言うのです。これでは、体を軸にしてスイングすることなどできません。

「あくまでも、体の軸を中心にするスイングに、腕は素直にしたがうものだというわけですね」

「そう、その通り」

やっとわかってもらえたようです。

以前に、ゴルフの場合、体の中心軸の回転により発生したパワーは内から外に伝わるという、力の伝動性についてお話ししました。この力の伝わり方の上手な人ほど、腕をムチのように使っています。逆に、下手な人は、腕だけで振ろうとするのでヘッドスピードが上がらないのです。角速度はほとんどなく、腕だけに頼ろうとするのでヘッドスピードが出ないのです。

つねに腰を回転させる動作を練習に取り入れたいものです。腰を回転させる動作は、日常生活にはあまりないので、意識的に練習で取り入れていくようにしたいものです。

最大に飛ばす運動の法則⑤

☆「角速度」を高める練習法

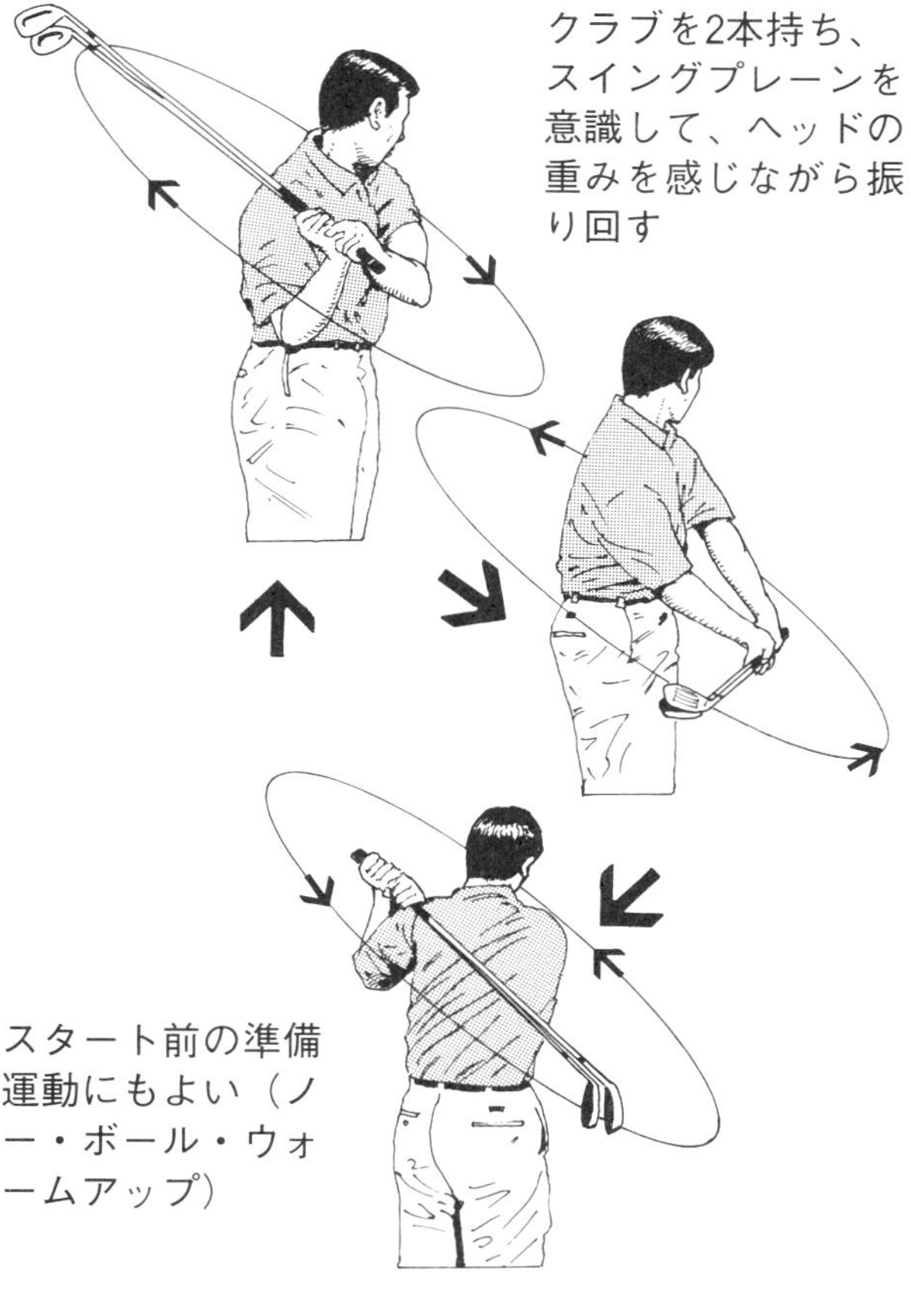
クラブを2本持ち、スイングプレーンを意識して、ヘッドの重みを感じながら振り回す
スタート前の準備運動にもよい（ノー・ボール・ウォームアップ）

このとき、できるだけ腰を速く回転させれば「角速度」が高まり飛距離が出るようになる

また、この腰を回すということは、準備運動としても非常に有効なのです。たとえば、ゴルフ場に着いていても、スタートまで練習時間がなく、ボールを打たずにティーグラウンドに立たなくてはいけないときがあります。

そんなときは、ミドルアイアンを二本ほど握って、スイングプレーンを意識してクラブを左右に振り回します（人にぶつからないように気をつけて）。これを二〇回もすると、ボールを打ったのと同じくらいの効果があるのです。アメリカでは、これを〝ノー・ボール・ウォームアップ〟と呼んでいます。

ともあれここでは、角速度を速めることが、飛距離アップにつながるということを覚えておきましょう。

よい運動の法則6 「感性を高める」

――インパクトの感覚を右手でつかめば確実に飛ぶ

一瞬のインパクトの感覚をどうつかむか

あるとき、ゴルフの授業で教えていた学生が、

「先生の教わった通りに練習してみたら、これまでより飛距離が二〇ヤードくらい伸びました」

とわざわざ報告しにきてくれたことがあります。

「おお、それはよかったじゃないか」

でも何だか、いまひとつ浮かない顔をしています。よくよく聞いてみると、

「だけど、相変わらず、打ったボールが大きく曲がって『ＯＢ！』なんてことがしょっちゅうあるんですよね」

たしかにそれは困りもの。いくら飛距離が伸びても、ボールがフェアウェイから大きく外れてしまっては元も子もありません。フェアウェイに乗ってこそ、飛ばした甲斐があるってものです。

飛ばすだけでなく、曲がらないスイング。そんなときに私は、

「よし、じゃあ、パターをもってきてごらん」

と言います。

「えっ、曲がるのは、おもにドライバーなんですけど……」

怪訝《けげん》な顔の学生をよそに、

「いいから、いいから、早くパターをもってきなさい」

と言って、パターをもってこさせて練習場に行くのです。そして、練習グリーンで、右手一本でパターをもって、ボールを打たせます。グリップの握りは、パターが滑り落ちないぎりぎりの柔らかさで。

カップにボールを沈めることが目的ではないので、目標は何でもＯＫ。意識するのはパターのフェースポジションだけ。何度も打ってみて、真っすぐにボールを打ち出す感覚を右手に覚えてもらうのです。

一般的なパターは、グリップからヘッドまでの距離が一番短く、もっていてヘッドの重さを一番感じられるクラブです（長尺パターになると違ってきますが）。そのため、インパクト時のフェースポジションと右手との連動感覚を身につけるのに、もっとも適したクラブなのです。

実際、ゴルフを学ぶとき、日本では、ミドルアイアンあたりからスイング練習を始めることが多いようですが、アメリカでゴルフ初心者にはまず、パターやウェッジなどの短いクラブでスイングの感覚をつかんでから、長いクラブに移っていくのが一般的なのです。

あえて左右に打ち分ける意味

　ある程度、右手一本で真っすぐのボールを打ったら、今度は、同じようにパターを持ったまま、あえて大きく右にスライスするように打ってみます。それを何球かおこなったら、今度は大きく左に曲がるフックボールも打ってみる。

「要は、こうしたら右に行く、こうなったら左に行く、という打ち方を意図的にやってみるわけですね」

「そのとおり。真っすぐ打つだけだと、その感覚はすごく不確かなものなんだ。だけど、こう打ったら右に曲がる、こうしたら左に曲がる、という感覚とともに体に覚え込ませることで、真っすぐに打つ感覚がより確かなものになるんだ」

　ある程度、その感覚がつかめたら、今度は左手も添えて両手で同じようにパッティングしてクラブのフェースポジションの感覚をつかみます。さらに次は、ウェッジを使って同じように右手一本から打ってみるといいでしょう。クラブが長くなってもグ

最大に飛ばす運動の法則⑥

☆右手の「感性」を高める

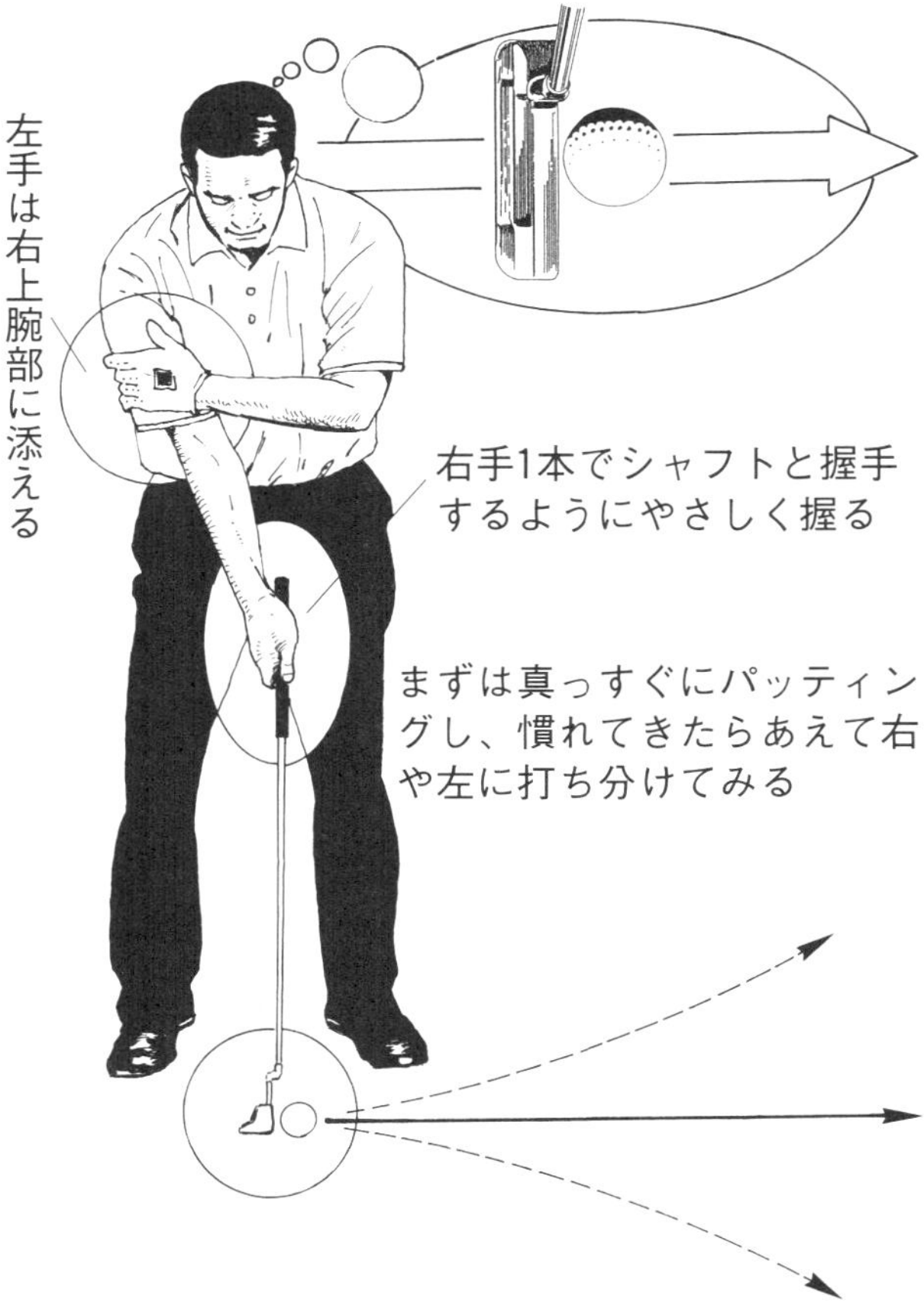
左手は右上腕部に添える
右手1本でシャフトと握手するようにやさしく握る
まずは真っすぐにパッティングし、慣れてきたらあえて右や左に打ち分けてみる

右手とフェースポジションの連動感覚をつかむことでインパクト精度が高まる

リップはできるだけゆるく握るのは変わりません。

これは、スライサーがスイングを正すときにも効果的な方法です。右に曲がるスイングを正そうとする際に、あえて右に曲がるように打ったり、左に曲がるように打ってみることで、真っすぐに打つ感覚がつかみやすくなるものです。

また、コースでのスタート前の練習でも、ドライビングレンジでガンガン打ち込むよりも、グリーンでこの右手一本のパター練習をしたほうが、ティーショットが安定します。ぜひ、試してみてください。

よい運動の法則７　「強弱のリズムがある」

――メリハリの利いたリズムも飛ばしの大きな要素

「弱」に始まり、「強・弱・強・弱」のリズムで振り抜く

確実にスコア１００を切れるようになり、プレーもそれなりに計算できるようになったのに、スイングになんとなくぎこちなさが残る。こんなアベレージゴルファーが少なくありません。私に言わせれば、彼らのスイングには「強弱のリズム」がないのです。

あらゆるスポーツはリズムと無縁ではありません。どんなスポーツにおいても、美しい動きは、かならずあるリズムをともなっています。ゴルフも同様です。上級者の

スイングの中には、強弱のメリハリの利いたリズムが流れています。

まず、アドレス。動きとしては静止しています。体からは余分な力が抜けている「弱」の状態。次にワインドアップ（テイクバック）動作が始まり、「強」へと進んでいく。それが、トップ・オブ・スイングで切り返しをして、瞬間的に「弱」が入ります。その後は、いわゆるタメ状態からインパクトにかけて「強」となり、フォロースルーの最終局面で「弱」となってフィニッシュを迎えます。

このように「弱」から始まって、「強」「弱」「強」「弱」と交互に力が伝わることで、スイングにリズムが生じてくるのです。つまり、力の適切な出し方がいいリズムを作るというわけです。これに対して、リズムのないスイングには「強」と「弱」の交互性がなく、単に棒切れを振り回しているようにしか見えないのです。

リキみが悪いのは「強弱」のリズムを奪うから

こんな人をよく見かけます。アドレスで肩と両腕で三角形を形づくるのはいいので

最大に飛ばす運動の法則⑦

☆「強弱のリズム」を生かす

力の適切な出し方でメリハリが出て
飛びにつながる

すが、その形を崩さないことにこだわって、テイクバックし、ダウンスイングをする。だから、動きの「強」「弱」がまったくない。ヘタをすると全部が「強」になってしまっているわけです。

女性ゴルファーの中には、「私、全然飛びません」などと言う人がいます。スイングを見ると、たしかに「この人、力がないんじゃないのか?」と思ってしまうほどに、ただポワ〜ンとしか振っていません。最初から最後まで「弱」のようにしか見えないのです。が、実は、力を入れっぱなしということがあるのです。

ゴルフクラブというものはその特性からして、力をゼロのところから一〇〇なり、二〇なりにもっていけば、黙っていてもボールを飛ばせるようにできているのです。それなのに、最初から最後まで力を入れっぱなしだから飛ばないのです。

それは、男性にしても同じこと。「オレ、こんなに振り回しているのに情けないくらいしか飛ばない。結局、力がないのかな」なんてグチる人がいます。ボールは、クラブをただ振り回すだけでは飛びません。逆に言えばボールは、力がなくても飛ぶのです。

リズムのある動きは、われわれの動作のあらゆる局面に見ることができます。たとえば歩き方。

テレビのゴルフトーナメントを観ていても、私は誰がその日上位争いをしているかも、その歩き方でだいたいはわかります。

「今日のジャンボは、歩き方がどうもぎこちないな」

と感じたときは、やっぱりスコアが伸びていません。

野球のイチロー選手は、春のキャンプで歩き方、走り方を勉強するんだと、専門のコーチに教わったと言います。バッティングだけでなく、あらゆる動作にリズムが必要だということを、彼は知っているのです。

「強」「弱」のリズムのあるスイングから、距離と方向性が生まれるのです。

よい運動の法則8 「跳躍力」
——飛ばしは下半身のバネ次第

飛距離は跳躍力しだいだった

幅跳びの日本記録保持者の臼井淳一さんと一緒にラウンドしたことがあります。その飛距離のすごいことといったらありませんでした。軽く振っても、ラクラクと三〇〇ヤード近く運んでしまうのですから、同伴プレーヤーとしてはどうも居心地が悪い。ゴルフでは、やっぱり飛距離が出るというのは武器なんだと、改めて思い知らされたものです。

たいてい、飛距離の出る人にかぎってスコアはそれほどでもないというのが相場なのですが、彼は違います。私と同じくらいに80台前半で回る。

それに、これがいちばん大切なことですが、彼はじつに楽しそうにプレーをするのです。彼には、楽しくなければゴルフじゃない、といったようなゴルフ観があるのかもしれません。

いったいどうして臼井さんは飛距離があんなに出るのでしょうか。

それは、彼の跳躍力のすごさにあるのです。

「えっ、跳躍力がゴルフに関係があるんですか？」

こんな疑問を抱かれる方が少なくないはずです。ごもっとも。

でも、跳躍力はボールの飛びと非常に関係があるのです。跳躍力とは、言ってみれば下半身のバネのことです。バネが弱ければ、当然、飛距離は伸びません。

飛距離アップを望むなら、下半身のバネを鍛えることです。あなたの飛距離は確実にアップします（なお、飛ばしの効果的なトレーニング法については、第3章で詳しく述べます）。

前にも述べましたが、ゴルフはターゲットスポーツです。的当てゲームなのです。

最終的に、できるだけ少ない回数でボールを的に当てるためには、距離という要素が非常にポイントになってきます。どうしても飛距離ということを考える必要があるのです。

「そうは言っても、三〇歳代も半ばにもなれば、どうしたって飛距離は落ちてくるよ」

こう、お嘆きのゴルファーの声が聞こえてきます。

そうです、三〇歳代半ば、さらに中高年ともなれば、毎年、確実に飛距離は落ちていきます。これは、どうすることもできません。何もトレーニングをしなければ、年に3%ずつ体力は落ちてくるというデータもあります。しかし、ただ手をこまねいているだけでは仕方がありません。

中高年になっても飛距離を維持している人は、それなりのトレーニングを日々心掛けている人が少なくありません。また、そうでないと飛距離なんて維持できません。いくつになっても、飛距離に対するこだわりはもっていたいものです。

クラブの番手の差も膝の曲げ具合で会得

下半身のバネを強くすることが飛距離を伸ばすことだと言われても、そんなに急に強くできるものじゃないのでは？　と思われているかもしれません。

いいえ、別にトレーニングせずに、いまのままでもアドレスのとり方にも注意すれば、バネは強くできるものです。膝は力を抜いて、ゆったり曲げた状態で構えるようにすれば、それであなたのもっているバネは十分に生かされることになるのです。この膝の曲げ具合について、よく、こんな質問を受けます。

「私の身長の場合、どれくらい膝を曲げるのがいいのですか？」

もっともな質問です。

グリップしたとき、グリップエンドとお腹の間に、握りこぶしひとつ半くらいの間隔を取るようにします。この間隔はどの番手のクラブでも同じです。

どの番手でも間隔が同じだとすると、たとえば7番アイアンでグリップしたとき、

「ヘッドが地面につかないんじゃないか？」と思われるようですが、番手の長短の違いを膝の曲げ具合で微調整するのです。これが、バネを最大限に生かす膝の曲げ具合です。

しばしば、上体を曲げてクラブの番手の差を調整している人がいますが、そうすると番手によっては膝が伸びて、棒立ちの状態になってしまいます。これではいけません。膝のバネを利かすことができなくなってしまうからです。

つねに上体は一定に保ち、番手によって、膝の角度を浅く、あるいは深く微調整するのです。いつも、このことを意識していれば、運動の回路にそれが記憶され、５番アイアンのときはこう、７番アイアンのときはこれくらいだと、自然に膝の曲げ具合を調整できるようになるのです。

一四本のクラブの長短の違い、ロフトの違いによる機能の違いを、膝がその曲げ具合によって記憶し、それぞれの機能をきっちりと発揮してくれるというわけです。

番手の違いによって、膝の曲げ具合が違うということを、意識してスイングしていると、当然、ボールの上がり具合、飛距離の違いがはっきりとわかってきます。する

最大に飛ばす運動の法則⑧

☆下半身のバネを生かす

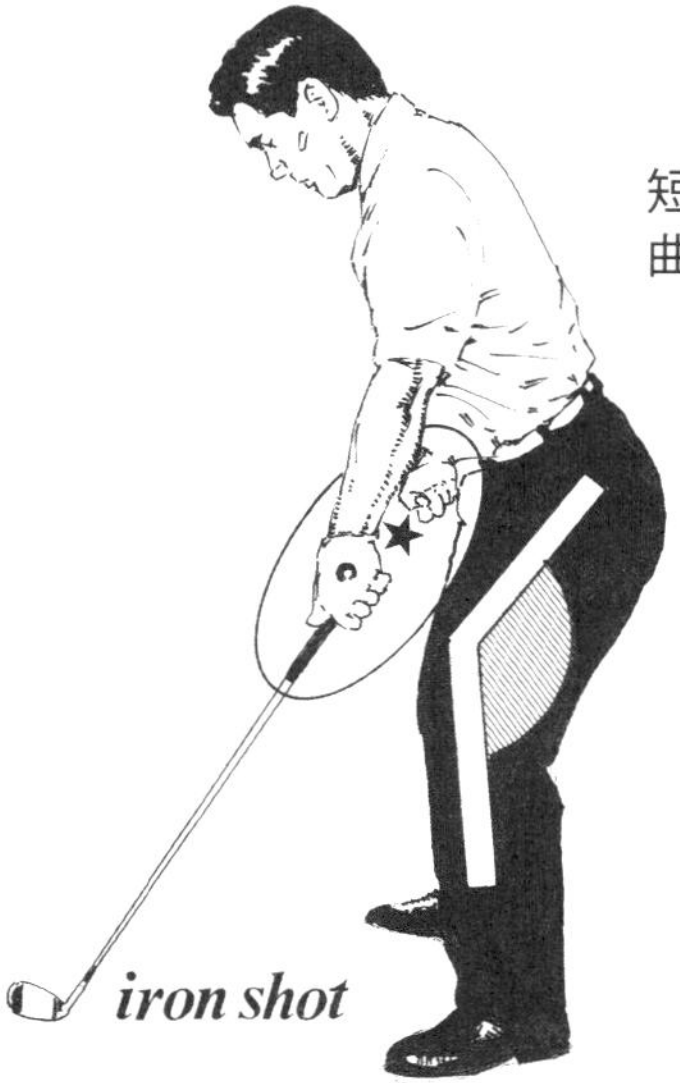

短いクラブは膝の
曲げ方を大きく

〔グリップエンドと
体の間隔は握り
こぶしひとつ半〕

長いクラブは膝の曲げ方
を小さく

〔上体の前傾やクラブと
体の間隔は同じ〕

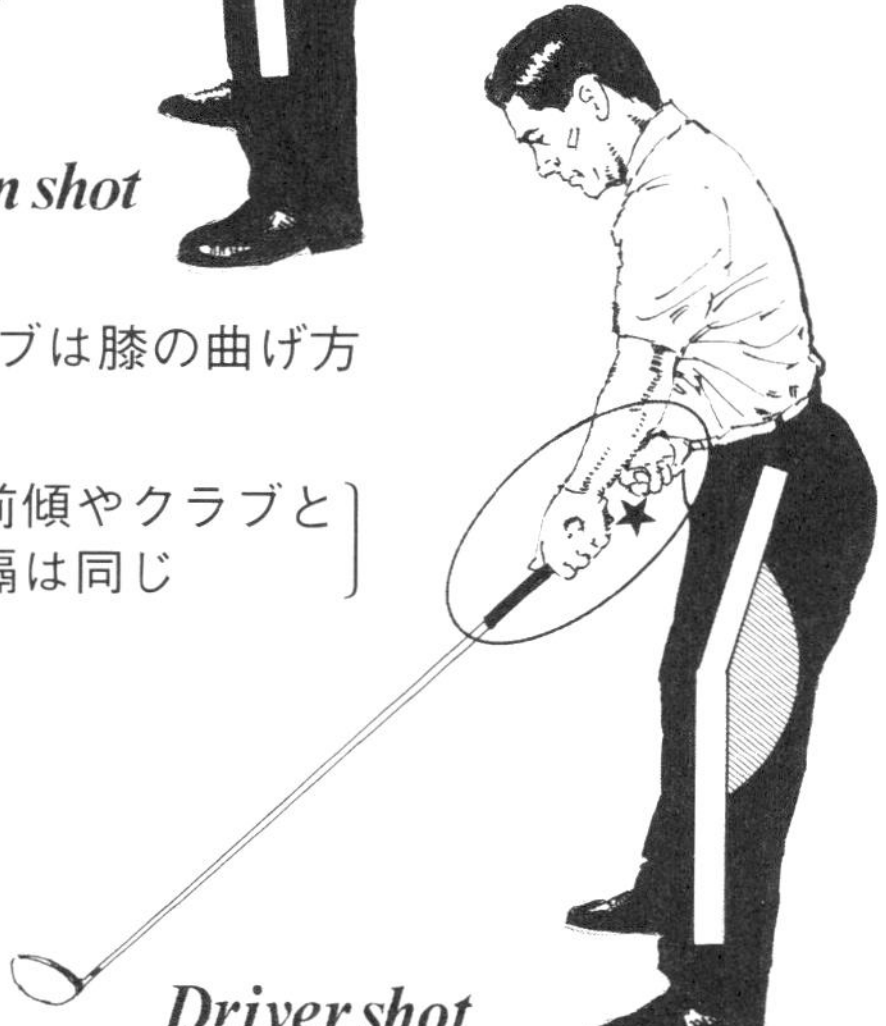

上体の前傾で調整すると膝が伸び切って
しまい、バネを利かせられなくなるので注意

と、

「そうか、膝を曲げることの大切さとは、こういうことなんだな」

ということが、体で実感できるようになります。

「先生、じゃあ、膝は上下に動くことはかまわないんですね？」

「そう、気にすることはありません。ボールから視線さえはずさなければ、多少は上下動したっていいんです」

要は、膝を番手に合わせて曲げ具合を調節し、それから、膝をしっかり回してバネを蓄える。あとは、自分の感覚を信じて、思い切りスイングする。これで、あなたの飛距離はぐんと伸びるはずです。私は女性にも、「男のようにスイングしなさい」と言っています。ともかく、思い切ってスイングすることが大切なのです。

よい運動の法則9　「イメージ喚起力」

——イメージしたようにボールは飛ぶ

ミスショットは見ないフリ

ティー・グラウンドに立ったとき、あなたは何を思い浮かべますか？

上級者ほど、意識して、あるいは無意識のうちに、そのクラブでの最高のショットをイメージするものです。これまで何千回、何万回とショットしてきた中での最高のショットは、その人の運動の回路にしっかりと刷り込まれて記憶されています。上級者はティー・グラウンドでそれを引き出すのです。

最近、このイメージを喚起する能力、イメージ・トレーニングの重要性がよく言われています。それは、先ほどから述べている「運動の回路」からいい情報を引き出すためなのです。

ゴルフが上達するための要因には、これまで述べてきたようなテクニック的なこともさることながら、このイメージ・トレーニングができているかどうかといったことも大きく関わってきます。

数多いラウンド経験があるのに、いっこうにスコアが改善しない。そのような人はホールアウト後に、たいてい、

「1番ホールでへんなショットを打っちゃったよ。5番の寄せではざっくりいっちゃった。あの一打がなければばな……」

などと、言い訳したり、グチをこぼしています。

このようなマイナス思考の反省をすることで、ゴルフが上手くなるかというとそんなことはありません。逆に、反省しすぎて落ち込んでしまいます。悪いイメージをいつまでも引きずっていてはダメ。それよりも、

「スコアはたしかに悪かった。ただ、9番ホールでのスプーンを使ったセカンドショ

ットはよかった」

などと、その日もっともよかったショットを思い浮かべる。できれば、思い浮かべるだけでなく、その感触が残っているうちに、練習場で同じショットを打つようにして運動の回路に記憶させておけばベターです。

「こう考えると、ふだんの練習場での練習のしかたも変わってくるわけですね」

そうです。多くの方の練習法は、このいいイメージ・トレーニングの逆をやっているように見受けられるのです。

たとえば、「７番アイアンは、しょっぱなで一発いいのが出たから、これでよし。他のクラブの練習をしておこう」――これはいただけません。いい球が打てたときは、連続して打っておくべきなのです。またとない機会です、いいイメージを徹底的に運動の回路に叩きこんでおくのです。

逆に、「今日はドライバーが散々だったので、ラウンド後に徹底的に打ち込みをやろう」などというのは、もっとも×。よくなかったものは、できるだけ早く忘れてしまうにかぎります。これはどんな運動においても同じで、私はバレーボールの試合でも、選手が失敗プレーをしたときは「見ないフリ」をするようにしています。

シミュレーション練習の効果

このようにゴルフが上手くなるためには、よいイメージの先取りが必要となります。経験としての情報、換言すればイメージを、つねに残していかなければ、次につなげるショットなど期待できません。情報をきちんと残しておくということが非常に大切になってきます。

情報の残し方ということでは、スコアカードなどにメモを取っておくのもいいでしょう。

何でもいいから、気づいたことをちょっとメモしておく。芝目、ピンの位置、風の具合など、何でもいい。そういう状況の変化に対し、自分はどういうショットをしたかなどを記しておく。とくに、同じコースでプレーする機会が多い方は、状況変化に対するボールの落とし所がわかっていれば、それは確実にスコアアップにつながって

最大に飛ばす運動の法則⑨

☆「イメージ喚起力」を高める

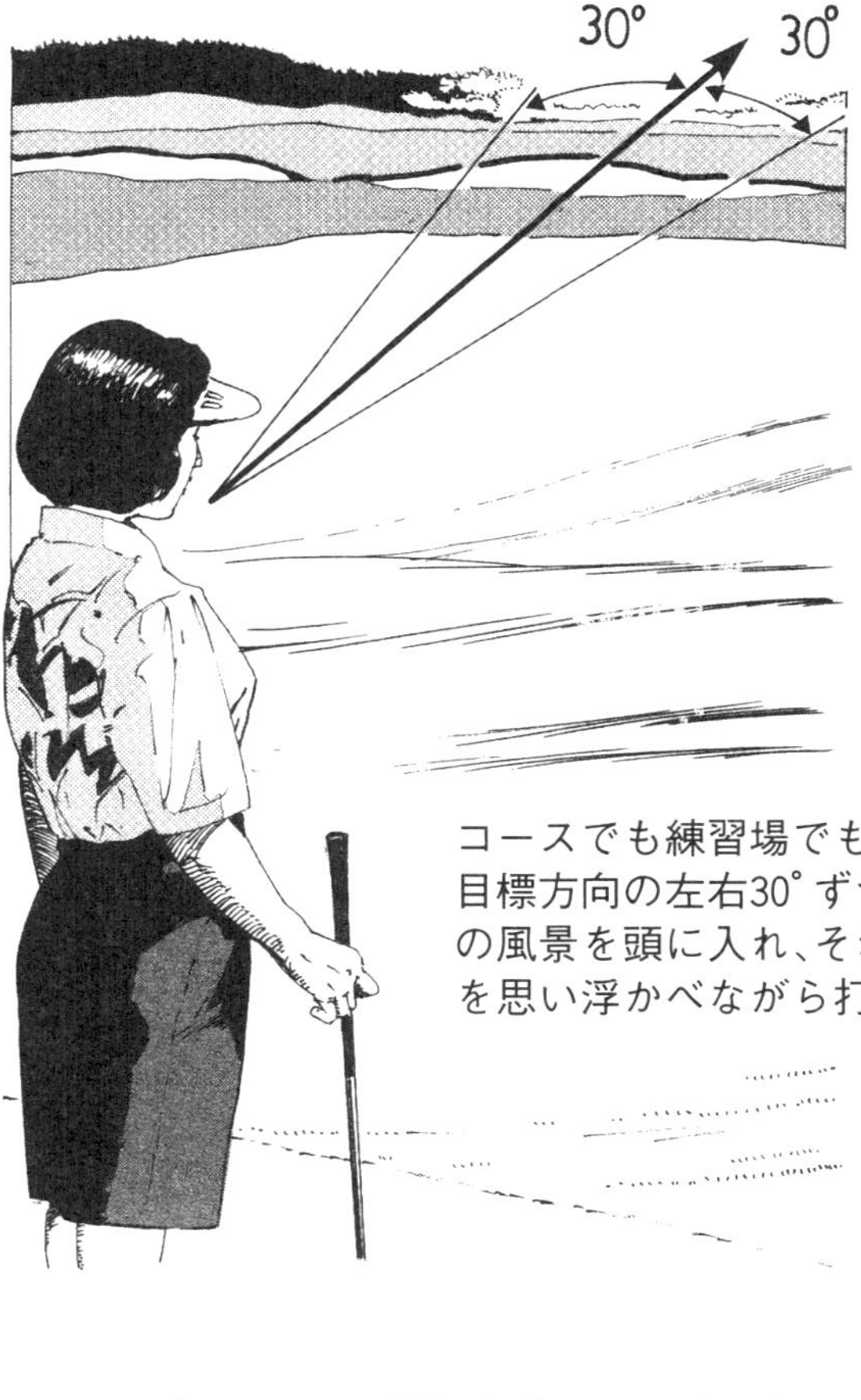

コースでも練習場でも
目標方向の左右30°ずつ
の風景を頭に入れ、それ
を思い浮かべながら打つ

ただ打つのと、情報を残していくのと
では大きく結果が違ってくる

いくはずです。

かつてプロ野球のオリックスや阪神で活躍していた星野伸之投手の記事を、読んだことがあります。彼はストレートにしても一三〇キロ台そこそこ。しかし、それを補うコーナーワークとピッチングの組み立てで、長く第一線で活躍していました。星野投手はブルペン（投球練習場）で投げ込んでいるときも、どういう状況で投げるのかをシミュレーションしながら一球一球を投げていたそうです。だから、「ブルペンで一〇〇球投げても一球一球が違う」といったことが書いてありました。

練習とはまさに、そういうものなのです。

バルセロナ五輪で銀メダル、アトランタで銅メダルを獲得したマラソンの有森裕子さんが、ＮＨＫの『課外授業・ようこそ先輩』という番組の中で、郷里・岡山の母校の小学生に何とも面白い話をしていました。

それは「せっかくだから」という考え方です。マラソン選手は練習では徹底的に走り込みます。限界まで走り込むので、ときに思わぬアクシデントに遭遇してしまいます。有森さんも、足のアクシデントに何回も遭遇し、非常に落ち込んでしまったそう

です。そんなとき、マラソンの師である小出義雄監督が、

「有森、せっかくケガをしたんだから、ゆっくり休んだらいいんじゃないか」

と言ったといいます。

これを聞いてから、彼女のいままでのモヤモヤがふっきれたそうです。以後、選手生活でも、日常生活でも、落ち込むような事態が起こったときは、その「せっかくだから」というプラス思考で乗り切っているというのです。

言ってみれば、マイナス・イメージをプラス・イメージに転換するわけです。プレー中も、「せっかく、バンカーに打ち込んだのだから、ここはひとつバンカーの練習でもしておこう」くらいの気軽さでやってはどうでしょうか。

目的意識をもった練習の実際

このやり方は、練習場で打つ場合でも、応用が利いてきます。たとえば、スコアカードを見ながら、

「あそこの5番ホールのラフの深いところからのセカンド・ショットはこういうイメージで打ったんだ。ちょっとやってみようか」

などと、もう一度ショットを再現してみてもいいでしょう。練習がゲーム感覚でできるというわけです。

ここでいうゲーム感覚とは、目的に合致した練習のことを言うのです。このようなゲーム感覚の練習ではなく、ただ真っすぐなボールが打てればいいんだと、やみくもにボールを叩いていたのでは、なかなか上達しません。目的をもった練習と、目的をもたない練習では、自ずとスコアに差が出てくるのは目に見えています。

練習場で上手くなる人とそうでない人がいます。それは、いま述べたような目的意識の差、さらに言えばイメージ喚起《かんき》の差によるものです。

あなたは、たとえば5番アイアンでどのような練習をしていますか？

「私は、5番アイアンでは一六〇ヤードを確実にきっちり出せるように練習していますが、それではダメなんですか？」

こういう人がほとんどだと思います。

番手の違いによって距離をきちっと出す。たしかに、間違っていません。「5番なら一六〇ヤード飛ばさなければいけない」という気持ちもわからないではありません。でも、私に言わせればものの足りません。もっとイメージを膨《ふく》らませた練習をしてほしいのです。

「イメージを膨らませた5番アイアンの練習法って何ですか？　そんなのあるんですか」

「あるんです」

たとえば、5番アイアンで二〇〇ヤード打ったり、一六〇ヤード、一三〇ヤード打ったりするのです。コースでは、5番アイアンで一〇〇ヤード打たなければならない状況だってあります。ティー・ショットで大きく曲げてしまい、ボールが林に飛び込んでしまった。第2打でグリーン方向に出すには、枝の下を通さなければならない。そのためには、ボールを上げることなく一〇〇ヤードほど打たなければならない。さあ、どうする？　こんなとき、5番アイアンを使うのです。また、枝の高低によっては、3番アイアンで脱出することも考えなければなりません。

もう、おわかりいただけたと思いますが、5番アイアンだからといって、一六〇ヤード打つ練習ばかりに専念するのがいいわけではないのです。

スタート前の素振りにしても同じことが言えます。

とかく〝ビュンビュン〟と振り回しているプレーヤーが多いようですが、このように力一杯振り回していては、イメージは作れず、目前のプレーにかえって逆効果にさえなります。

またバレーボールの話になりますが、弱いチームほど、試合前にアタックの練習でガンガンとボールをコートに叩きつけています。

見ているほうは、迫力満点で面白いのですが、実際、アタックをするプレーヤーは、コートのどこに狙い目があるか、などの余裕、イメージを浮かべることができず、ただの体力消費（？）になってしまっています。

試合になれば、敵のブロックをかいくぐり、守備陣型を見極めてボールを打ち出すことが必要なのですから、練習ではそのことをイメージし、八分の力でタイミングを計ることが必要なのです。

☆素振りのイメージを実践に生かす

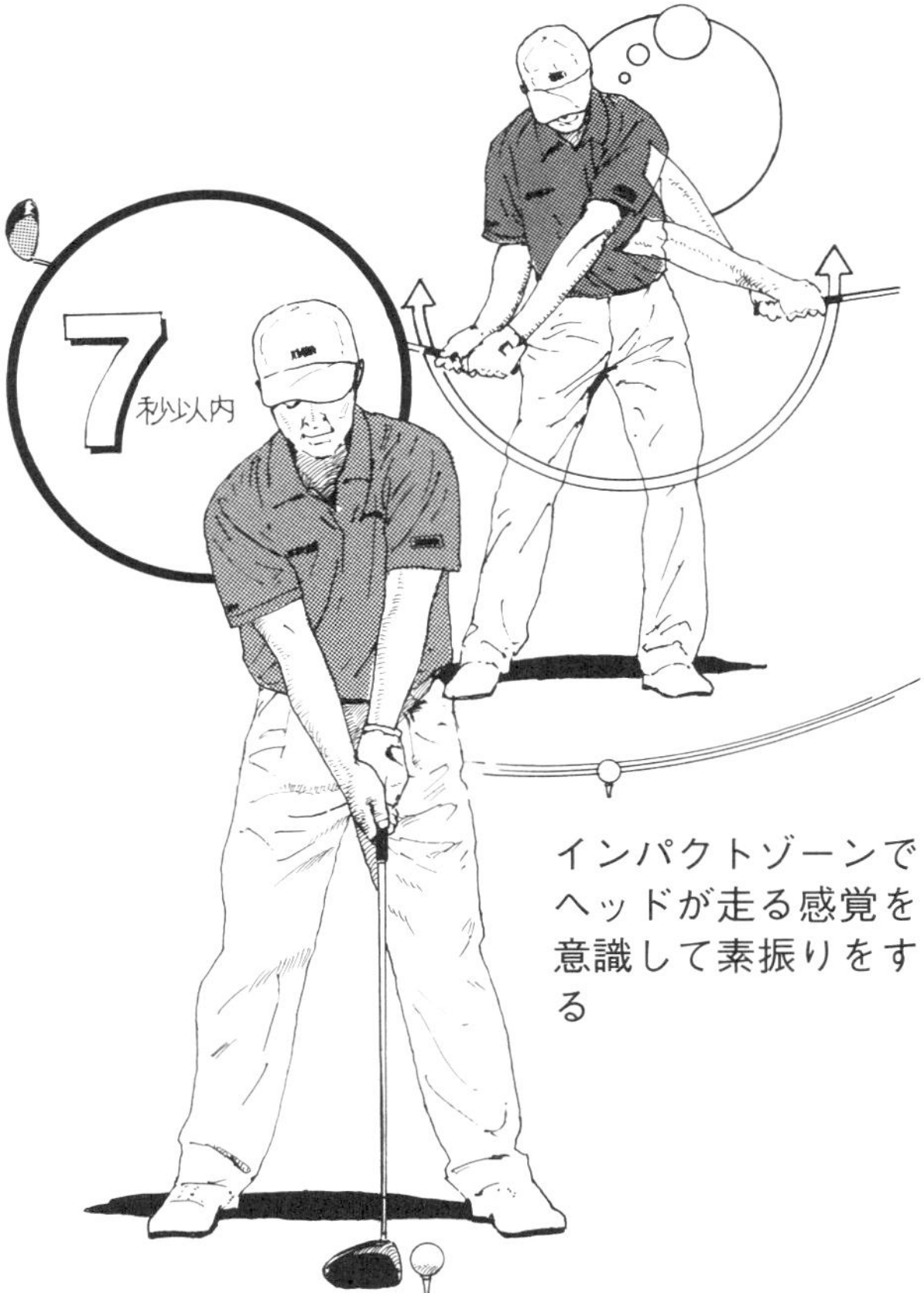

インパクトゾーンでヘッドが走る感覚を意識して素振りをする

素振りでの"いい感触"を再現するために
7秒以内にショットを始めるといい

ゴルフも同様。「ビュンビュン素振り」でなく、八分の力での「イメージ素振り」が効果的なのです。

実際にコースでショットを打つ前の素振りも、フルスイングするのではなく、インパクトゾーンでヘッドを走らせることだけを意識した、コンパクトな素振りをしたいもの。一つの動作（スイング）中、意識するポイントは一つ、というのが運動学の原則。もっとも肝心なインパクトゾーンで振り抜く感覚を確かめておきたいからです。

そして、素振りでいい感触をつかめたら、7秒以内にショット！ 人間の動きを一時的に記憶してくれる海馬は、7秒以上経つと、よけいな情報が入り込んで、せっかくつかんだいい感触を忘れてしまうので要注意です。

第3章

〝四方向バランストレーニング法〟で もっと飛ぶ体に

飛ばしのトレーニングなんかカンタンなのに

球を打つだけでは飛距離は伸びない

「飛ばすためにはやっぱり本格的にトレーニングする必要があるんでしょうね」

「それはやるにこしたことはありませんよ」

「でも、そんな大変なトレーニングなんて、とてもできないもんなあ」

これは、ほとんどのアマチュアゴルファーに共通することだと思います。もちろん、プロはそれぞれのトレーニング・メニューにもとづいて練習をしています。

「でも、そんな本格的なものでなくても、日頃ちょっとできるカンタンなトレーニングを取り入れると、飛距離は確実にアップします」

「そんなもので、どのくらいアップするでしょうか？」

「君は、ドライバーでどのくらい飛ばすの？」

「二三〇ヤードほどです」

「だとすれば、二〇ヤードはアップするはずです」

「本当ですか！　信じられないなあ」

不思議なことに、アマチュアゴルファーは、「おい、どのくらい飛ばすんだ。おれは二三〇くらいかな」と飛距離には関心を大いに寄せるのに、遠くに飛ばすためのトレーニングをするのはムリ、とあきらめているようです。いままで述べてきた運動の法則に従ったやり方で、すでに飛距離は大きく伸びているはずですが、ここで、もう一段階上の飛距離を求めるためには、練習場での打ちっぱなしだけでは不十分です。

トレーニング法についてお話する前に、飛距離と方向性についてちょっと考えてみたいと思います。そのことを理解しておくことが、より効果的なトレーニングに結びつくと思うからです。

ゴルフのいちばんの醍醐味《だいごみ》は、やはり、できるだけ遠くにボールを飛ばすことです。これはまた、ゴルファーたるものすべての願望でもあるはずです。私も、やはりそうです。何歳になろうが、ともかく遠くに飛ばしたい。

その次に望むことは、方向性を安定させることだと思います。フェアウェイをキープして、できるだけ遠くに、できるだけ正確に、ボールを飛ばしたい。初心者から上級者まで、誰もがこう願っているはずです。

飛距離と方向性は同時に手に入れられる

できるだけ遠くに、そして、できるだけ正確にショットしたい。ゴルファーが強く願望する、この二つの要素は一見、相異なるように思えるのですが、じつは、密接に関連しているのです。

あなたのまわりのゴルフ仲間で、遠くに飛ばせる人はたいてい、ボールの方向性もある程度安定しているはずです。

☆もっと飛ばすトレーニングには この「四方向」をバランスよくやる

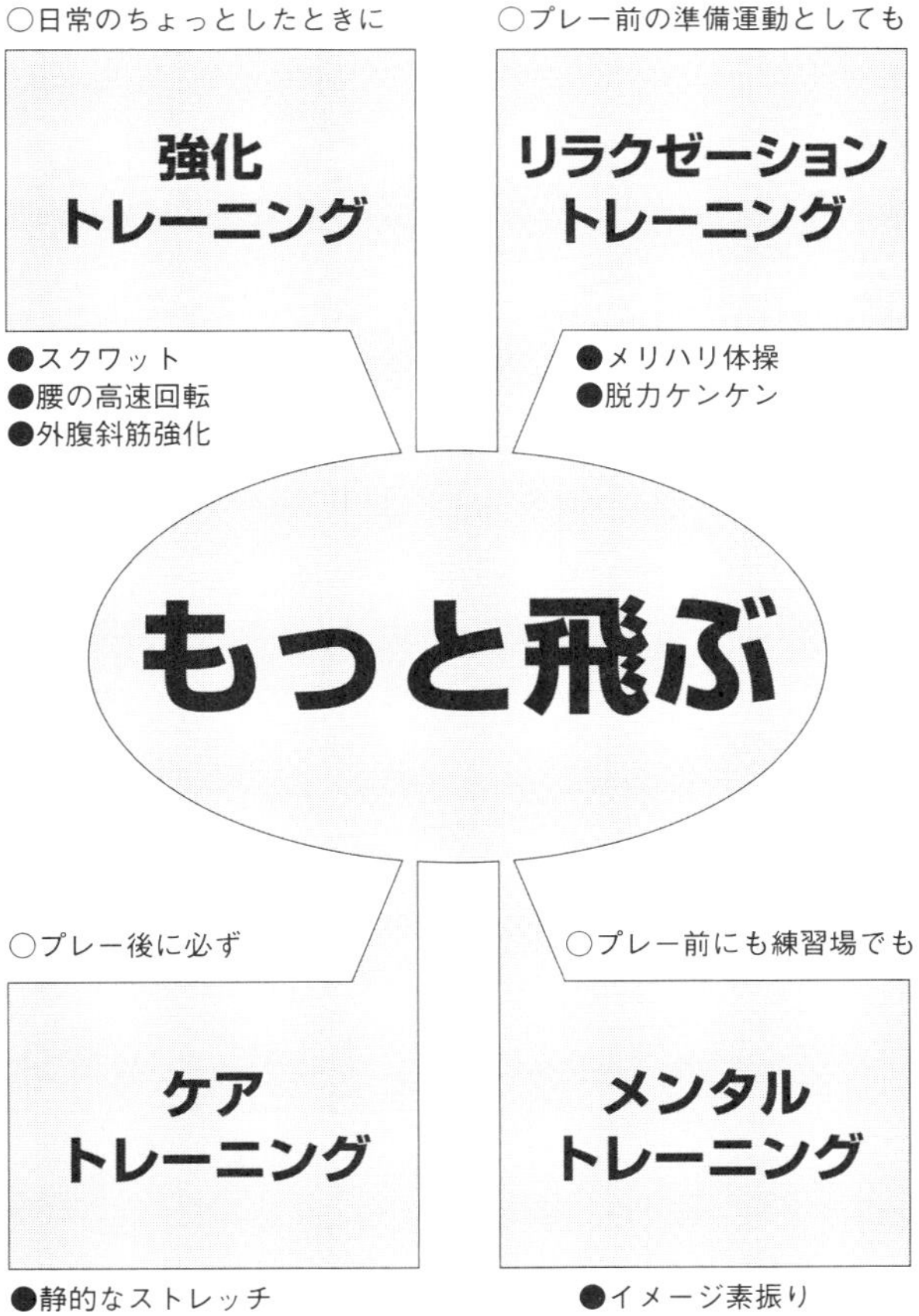
○日常のちょっとしたときに
強化トレーニング
●スクワット
●腰の高速回転
●外腹斜筋強化
○プレー前の準備運動としても
リラクゼーショントレーニング
●メリハリ体操
●脱力ケンケン
もっと飛ぶ
○プレー後に必ず
ケアトレーニング
●静的なストレッチ
○プレー前にも練習場でも
メンタルトレーニング
●イメージ素振り

ただ筋力を鍛えるだけではダメ。感覚を鋭くし、
リズムを生み、イメージをわかせることで
トレーニングを効率的に飛びに結びつけられる

逆に、アベレージゴルファーで飛距離の出ないような人は、方向性も安定していません。もちろん、何を論じる場合でも例外ということがあり、すべてがこのかぎりではありません。

運動理論からしても、遠くに飛ばせられることと、方向性が安定しているということは両立します。

つまり、遠くに飛ばせるということは、きちんとスイートスポットでボールを捉えにいっているということであり、スイートスポットでボールを捉えているということは、クラブヘッドがボールに対して真横から当たっているわけですから、ボールが真っすぐに飛ぶのは、これまた当たり前。

「私も、そのことは理解できます。ただ、理論と実践が伴わないだけです」

「実践が伴わないのは、あなたにかぎったことではありません。アベレージゴルファーの大半がそうです。でもね、理論を理解できるということはとても大切なことなんですよ」

「そうですか」

「だから、あなたもまんざら希望がないわけではありません」

「……。ところで先生は前に、アベレージゴルファーの場合、インパクトの瞬間に、その人のパワーは最大値に達する。ただし、プロやシングルプレーヤーのスイングでは、パワーの最大値がインパクト直後にくる、と言われましたね」

「はい」

「その違いは、スイングの加速度の違いからくることもわかります。だから、上級者はインパクト後にもボールを運ぶことができるわけですね」

「そう、ボールにさらに加速がつけられる」

「その加速うんぬんはおくとしても、私のようなアベレージゴルファーでも、飛びと方向性とは不可分だと考えていいわけですね」

「もちろんです」

飛びと方向性、この両者は元来、どちらのほうが優れていて、どちらを意識したほうがいいか、などとは言えないのです。一方を磨けば、他方も自ずと磨かれる、そのくらいに考えておきましょう。

あえて言えば、方向性をよくしようとするより、遠くに飛ばそうと考えるほうが実戦向きではあります。確実に遠くに飛ばすことができるということは、すでに方向性もある程度しっかりしてくるということなのです。

そんなわけで、以下では、誰でもいつでもできる、より遠くに飛ばすためのトレーニングについて考えてみましょう。これらのトレーニングは決して大仰《おおぎょう》なものではありませんし、「トレーニング」という言葉からは想像できないほどカンタンなものですが、着実に実践することで、あなたの飛距離は確実に伸びるはずです。

ただし、「強化」「リラクゼーション」「ケア」「メンタル」の四方向のトレーニングをバランスよく行うことが大切です。焦ってアンバランスなトレーニングをすると、かえってバランスを崩すことがありますのでご注意ください。

「強化トレーニング①」スクワットで確実に飛距離アップ

椅子から立つだけのスクワット効果

第2章で述べたように、ボールは下半身のバネを使って飛ばすものです。そのためには、当然、下半身、とりわけ膝と大腿四頭筋を鍛えなければなりません。

「具体的には、どんな鍛え方があるのですか?」

「膝と大腿四頭筋を鍛えるのですから、スクワット運動がもっとも効果的です」

「スクワットですか、なんだかキツそうですね」

「そう、見た目はカンタンですが、やってみるとけっこうキツいですよ」

「でも、利きそう」

「そう、非常に利きます。飛距離アップには効果抜群です。ボールを遠くに飛ばす人は、例外なく膝と大腿四頭筋の筋力が強い、というか、ここを上手に使っています」

ご存じかと思われますが、スクワット運動とは、真っすぐに立ち、膝を曲げ伸ばして上下する運動です。膝を九〇度から一六〇度くらいの間で屈伸するものです。

とくに、膝を曲げるときにゆっくりゆっくり体を沈みこませるようにすると効果的。膝を伸ばすときにも、勢いをつけて体をもち上げないように注意しましょう。

スクワットというと、バーベルを使ってする本格的な方法もありますが、わざわざバーベルを使わなくても、自分の体重を膝に加重するだけで十分。それに、ちょっとしたとき、たとえば仕事の合い間や休み時間などに一〇回でも、二〇回でも屈伸すればいいのです。

あるいは、日常の生活の中で、たとえば椅子から立ち上がるときに、意識的に膝と大腿四頭筋を使うようにするのでもいい。背すじを真っすぐ伸ばし、どこにももたれずにゆっくりと立ち上がるのです。机に手をおいて「よっこらしょ」と立ち上がるの

もっと飛ばすための「強化トレーニング」

☆簡単なスクワット運動――①

肩幅足を開き
膝を160°くらい
に曲げて立つ

ゆっくり膝を90°くらい
にまで曲げる。そして、
ゆっくりと60°くらいま
で伸ばす。(20回)

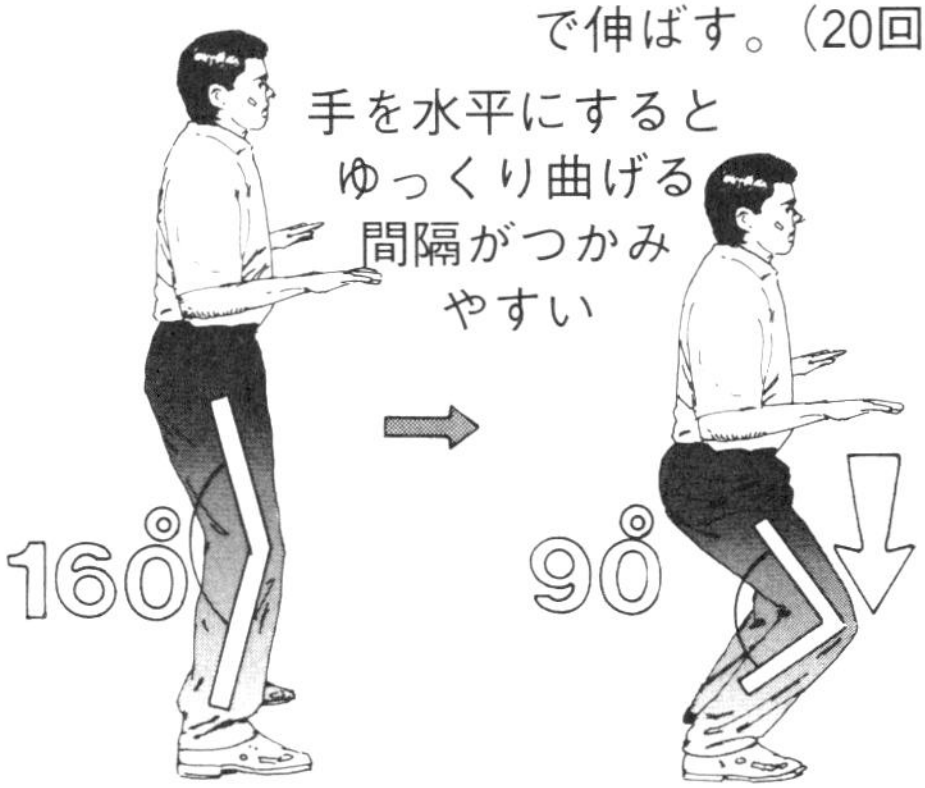

手を水平にすると
ゆっくり曲げる
間隔がつかみ
やすい

「強化トレーニング」は飛ばしに必要な筋肉を高めるのが目的。しかし、他の「リラクゼーション・トレーニング」等を併用しないとリズム・感覚が鍛えられないので注意

もっと飛ばすための「強化トレーニング」

☆簡単なスクワット運動――②

背すじを伸ばし
どこにもさわらずに
〔膝は90°に
曲げる〕

膝の力でイス
から立ち上がる
〔膝を160°
まで伸ばす〕

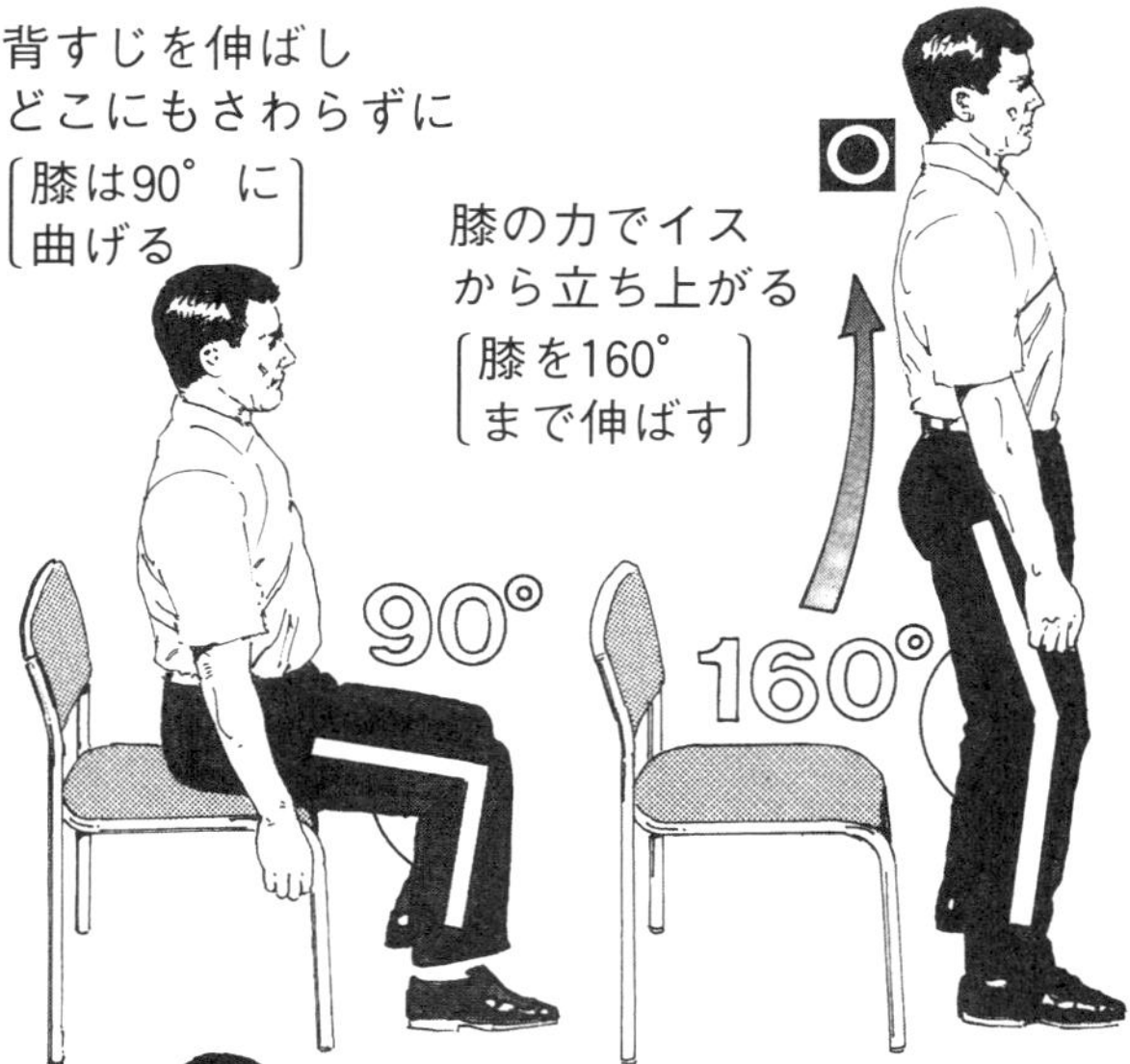

クラブ2本を肩に背負って
おこなってもいい

ゆっくり沈みこむことを
意識する。反動をつけて
はいけない

とは大違い。それだけでも、下半身の筋力の衰えを防ぐことができます。スクワットはたしかに運動としてはキツい、しかし効果のほどはテキメンです。たとえば、この運動を毎日五、六〇回ほど続けていけば、相当に下半身のバネが鍛えられ、飛距離が確実にアップします。

私の経験からすると、飛ばしに開眼すると、ゴルフが俄然《がぜん》面白くなってきます。そんなゴルフの面白さを享受するためにも、ともかく、下半身のバネを鍛えましょう。またそれが、飛ばしへのいちばんの早道なのです。

人間は足から衰えると言いますが、実は、膝と大腿四頭筋が弱くなっていくのです。ゴルフにかぎらず、下半身の筋力は日頃から鍛えておくことです。

「強化トレーニング②」

腰の高速回転でヘッドスピードアップ

ヘソを左右に九〇度回す大効果

前項で述べた下半身のバネと並んで、腰を素早く回転させることも、飛ばしの大きな要素です。腰を素早く回転させるには、外腹斜筋をはじめ、腹直筋、背筋という、お腹から背中をぐるりと囲んでいる筋肉を鍛える必要があります。

トレーニング法としては、まず、腹筋運動、背筋運動が考えられます。このふたつについては、簡単にできるので問題ないと思います。また、家庭で手軽にできる器具も販売されているので、それを利用するのもいいでしょう。ただし、腰痛を起こしたりしないよう、いきなり無理はしないこと。腹筋、背筋は、あらゆる運動、いや、あらゆる日常の動作を行う上で大切な筋力なので、飛ばしのトレーニングというより、健康維持ということからも続けていくといいのです。

「外腹斜筋というのはどういう働きをする筋肉なんですか？」

「左右の脇腹にある筋肉で、体をヒネる働きをしています」

「そんな筋肉、鍛えられるのですか？」

この筋肉を鍛えるには、腰を高速回転させるのが効果的です。前にも述べましたが、足を狭く、せいぜい肩幅くらいにスタンスをとって、腰に両手を当て、左右にギリギリまで回す。これを繰り返す。

「本当にそれだけでいいんですか？」

「ただし、腰をいい加減に回しているだけでは効果はありません。正面を向いているおヘソが、左に九〇度、右に九〇度向けるように目一杯回します」

ちょっと、トライしてみてください。

「どうですか、思った以上にキツい運動でしょう？」

「こりゃ、キツいわ！」

「トレーニングが、即、実戦に結びつく運動というわけです」

「タイガー・ウッズのようなクラスになると、ここまで腰を回転させているんですね」

「そうです、目一杯回しているのです」

タイガー・ウッズの飛距離を語るとき、背筋力の凄さばかりが言われるきらいがあります。しかし、くり返しになりますが、実は、体の猛烈な回転スピードこそが、あの驚くばかりの飛距離を生んでいるのです。

そのほかにも、外腹斜筋にはイラストのようなトレーニング方法があります。腰の高速回転を可能にするために、ぜひ実行してみてください。

スタート前にこれだけで、その日の飛距離が二〇ヤードアップ

「腕力を鍛えてもダメなわけですね？」

「ダメとは言いませんが、そんなに効果はありません。ダンベルをもって、ウンウン

もっと飛ばすための「強化トレーニング」

☆簡単な腰の回転運動

ヘソが90゜右（左）を
向くように

完全に各足に体重が乗るように、腰を
ビュッと速く回転させる

もっと飛ばすための「強化トレーニング」

☆外腹斜筋を鍛える①

椅子に浅く腰をかけて、両手を上げる
右脇腹を意識して右肘と左膝をくっつけるように体をヒネる
今度は左脇腹を意識して左肘と右膝をくっつけるように体をヒネる

外腹斜筋を鍛えるとスイング軸が安定し、腰の高速回転も可能になる

もっと飛ばすための「強化トレーニング」

☆外腹斜筋を鍛える②

クラブなどを背負い、背中を丸めないように前傾する

背中の角度を維持したまま脇腹を意識してゆっくり左右にヒネる

実際のスイングをイメージしながらゆっくりおこなうとより効果的

うなりながら、苦しい筋トレをするくらいなら、腰を高速で回す練習をくり返すほうがずっといい」

「先生、私は三〇歳代になってから、少し太ってしまいました。身長は一七二センチで、体重は七八キロです。太っていることは、体を速く回すという点では不利になるんでしょうね」

「かならずしも、不利だということはありません。私は現在、体重が七七キロですが、これを六〇キロくらいまで落とせば、体の回転がよくなるか、ボールが飛ぶようになるかというと、そうでもないんです」

「そうなんですか?」

「理論上では静止しているボールには質量があり、これを飛ばすには、ある程度の衝撃が必要になります。このときボールにかかる衝撃度というものは、体重に比例するのです。だから、ある程度体重があるということも、それほど不利になることはありません。現にご年配のゴルファーでも、遠くに飛ばす人はたいてい体が大きいし、太っています。やはり、骨格の太さや筋肉の量ということが関わっているんでしょう」

「少し安心しました」

「しかし、太っていると体の回転は鈍くなります」

「ウーム」

「ですから、スタンスを狭くして、回転しやすいようにしてやればいいのです」

ともかく、ちょっと暇ができたときは、腰を回転するように心掛けましょう。そうすることで、やはり腰の高速回転の運動の回路ができるのです。

この運動は、スタート前の準備運動としても好適です。スタート前にこれをやるとやらないとでは、それだけで飛距離に二〇ヤードの差が出てきます。

飛ばしのグリップにする握力の意外なトレーニング

これまで、飛ばしのトレーニングということで、下半身のバネを鍛えること、腰を高速回転させることについてお話してきました。これにもうひとつ付け加えるとすれば、握力をつけることです。

「先生は、前に、クラブは手のひらの中に小鳥がいると考え、その小鳥を握りつぶさないように握るものだとおっしゃいました。それと、握力をつけるということは矛盾しませんか？」

「まったく矛盾しません。握力は強いほうがいいんです」

「何だかよくわからなくなってきました」

「握力の強い人のほうが柔らかくグリップできる。こう言ったらわかってもらえるかな」

「そうなんですか？」

「逆もまた真なり。握力の弱い人ほど強く握ってしまうのです。非力な人ほど強く握る傾向が見られますね」

ご存じないかと思いますが、握力と運動パフォーマンスとの間にはかなりの相互関係が見られます。ボールゲーム全般にわたって、握力の強い人ほど高い運動能力を発揮しているのです。

「そうなんですか。握力のトレーニングって、どうすればいいんですか？」

「大げさに考えることはありません。ゴムまりでも、軟式テニスのボールでも、ぎゅっ、ぎゅっと握りしめるだけでも、握力がついてきます」

「簡単ですね」

「そう簡単。でも、みなさん、長続きしません」

「じゃあ長続きさせます」

「みなさん、そう言います」

「……」

ただテニスボールを握るだけなのですから、トレーニングなどとは考えずに、たとえば風呂場にボールを置いておき、浴槽の中でぎゅっ、ぎゅっと握るくらいでもいいと思います。

握力の強い人ほど柔らかくグリップできる。このことを忘れないでください。

「リラクゼーション・トレーニング」で
飛ばすリズム、感覚が身につく

リキみによる引っ掛け球とはサヨナラ

「先生、リラクゼーションとはどういうことなんですか?」

「一言でいうと、きちっとした姿勢を保ちながらも、体全体から余分な力が抜けていることです」

「なぜ、力を抜くトレーニングが必要なんですか?」

「力を抜かないと、ボールを遠くに飛ばすことができず、ショットも安定しません。

テレビでトーナメントなどを観ていると、解説者が、いまのショットは肩に力が入っていたので引っ掛けてしまいましたね、などと言うでしょ」

「はい」

「余分な力を抜いた状態でアドレスに入ると、腕や肩の筋肉が弛緩《しかん》した理想的な状態でテイクバックに移行していけるのです。すると、リキんで引っ掛けることも少なくなる」

腕や肩から余分な力が抜けていないと、バックスイングやダウンスイングで、腕がムチのように柔らかく動いてくれないのです。

リキみや力の入りすぎには、いままで悩まれた方が多いことでしょう。でも、力を抜けと言われて抜けるものではありません。

そこで力を抜くトレーニング＝リラクゼーション・トレーニングの登場です（本来の発音では「リラクセーション」だが、外来語として使われている「リラクゼーション」に本書では統一した）。

たとえば、ランニングでもやり方しだいで、このリラクゼーション・トレーニングになります。

競争するように、歯をくいしばり、ゲンコツを握りしめて走るのではなく、両手をダラリとたらし、肩を上下に揺すりながら走る――これでカンタンなリラクゼーション・トレーニングができたことになります。

リラクゼーション・トレーニングを行う際に考えておかなければならないのは、われわれのあらゆる動作には強弱、強弱のリズムがあるんだということです。つまり、余分な力を抜くのは、強弱のリズムを生むためなのです。一連のスイング動作は、アドレス時の「弱」にはじまり、ワインドアップ（テイクバック）の「強」、トップでの切り返しの「弱」、ダウンスイングからインパクトにかけての「強」、最後にフォロースルーでの「弱」で終わります。

「具体的にはどんなトレーニングをすればいいのですか?」

「ラジオ体操をやればいいんです」

ラジオ体操なら、誰でもできるし、誰でもやっています。ラジオ体操には、われわれの基本動作のほとんどが織り込まれています。ただし、きちんと強弱のリズムをつけてラジオ体操をやっている人はほとんどいません。ラジオ体操の先生がやっている

もっと飛ばすための「リラクゼーション・トレーニング」

☆簡単なリラクゼーション—体操法

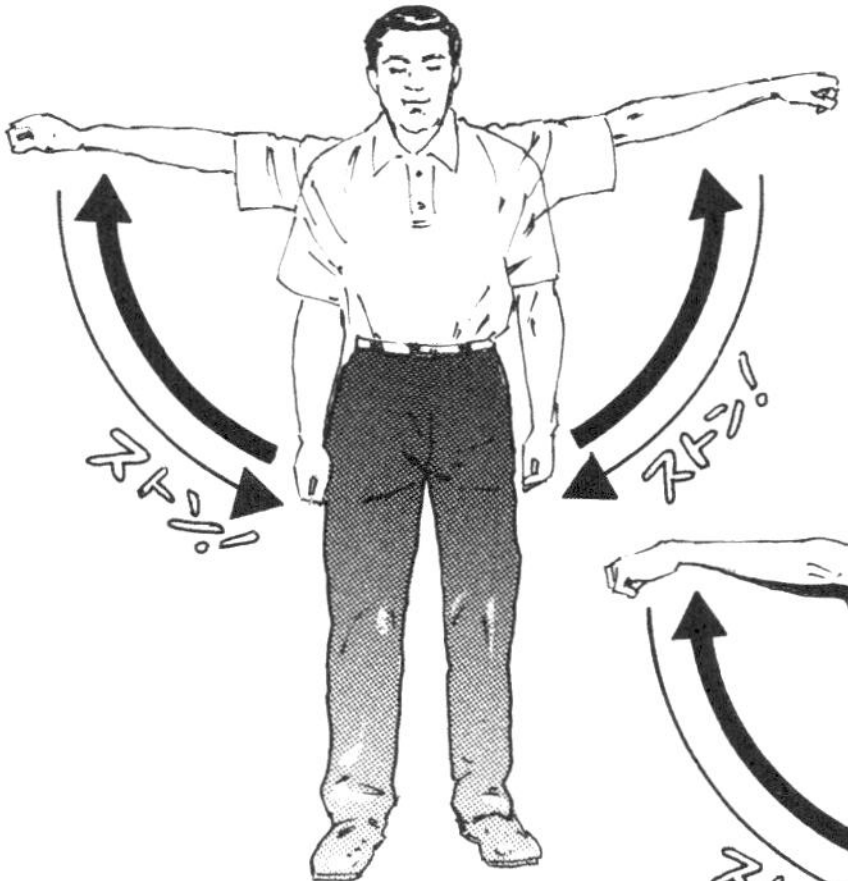

(1)
両腕を左右に
上げ、脱力
させて落とす

(2)両腕を前に上げ、脱力させて落とす

(3)
両腕をそろえて右（左）
に上げ、脱力させて
落とす

強弱のメリハリをつけることでスイングの
リズム感が養われる。プレー前にやるのも
効果的

もっと飛ばすための「リラクゼーション・トレーニング」

☆簡単なリラクゼーション—肩の上げ下げ

両肩をギューッと持ち上げる

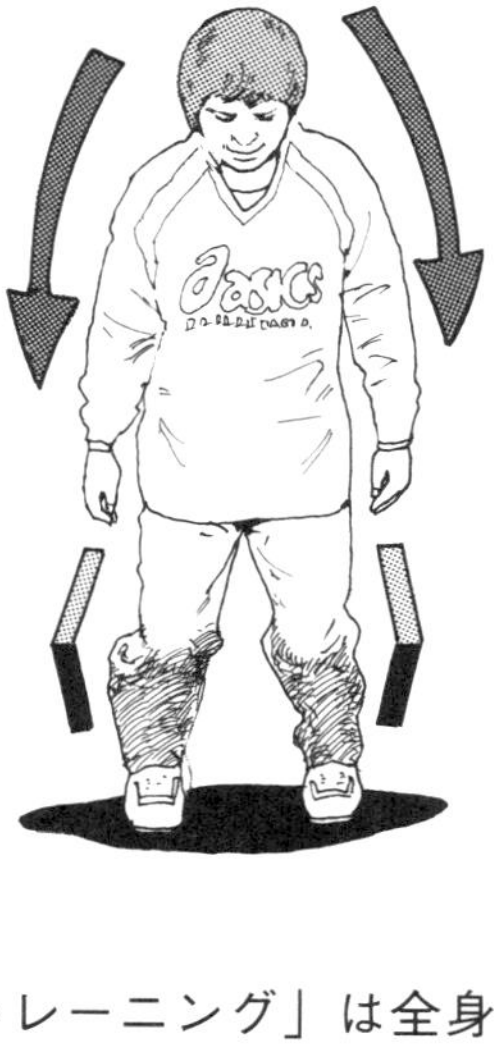

両肩をストンと落とすとともに全身を脱力させる。これをリズミカルに数回くり返す

「リラクゼーション・トレーニング」は全身のリズム感を高め、力を抜くのが目的

もっと飛ばすための「リラクゼーション・トレーニング」

☆簡単なリラクゼーション―前後左右ケンケン

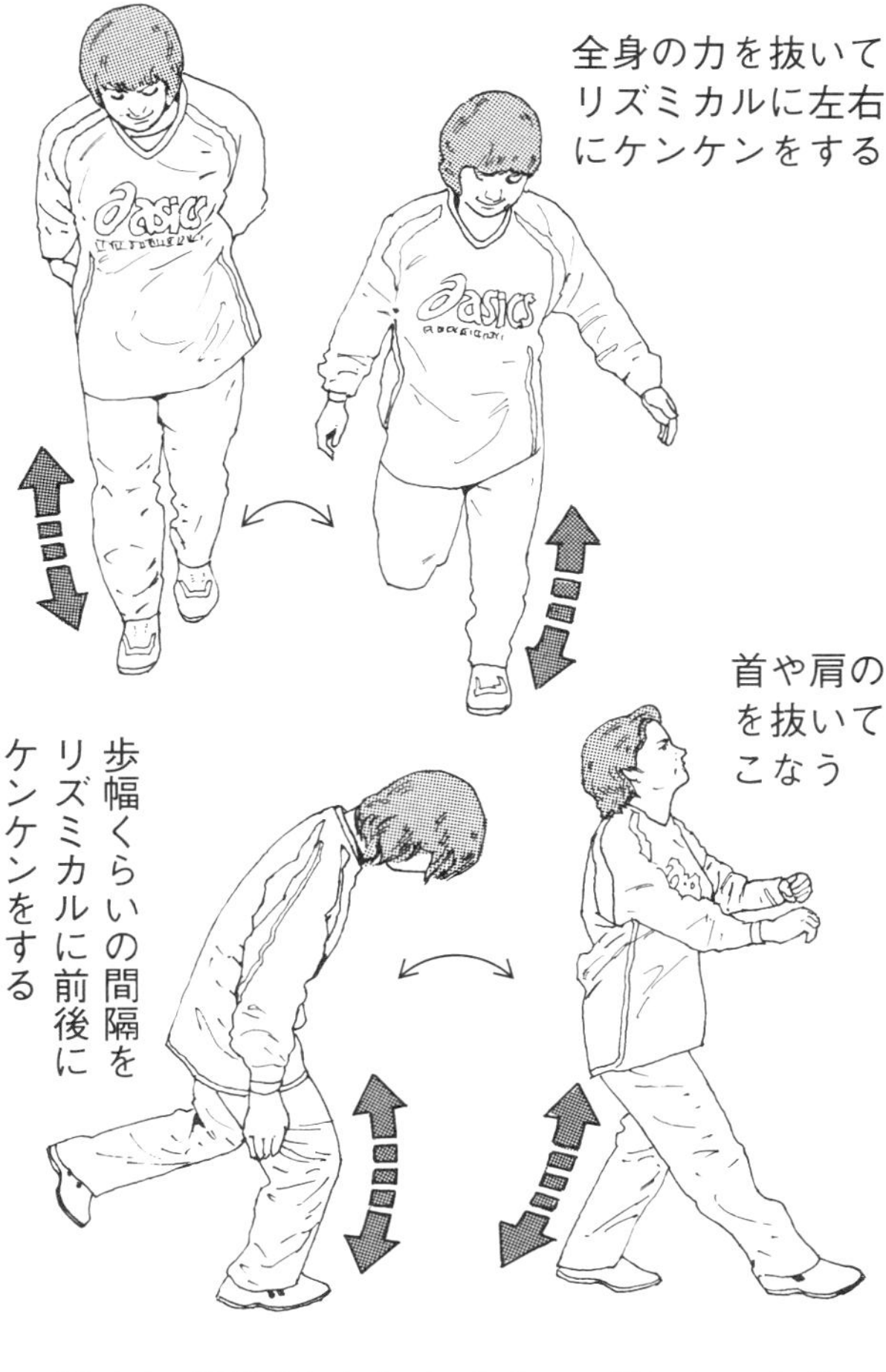
全身の力を抜いて
リズミカルに左右
にケンケンをする
首や肩の力
を抜いてお
こなう
歩幅くらいの間隔を
リズミカルに前後に
ケンケンをする

肩の上げ下げとあわせてプレー前におこなうのもよい

のを見たことがありますか？（テレビでもやってます）。

やたらにキビキビとメリハリをつけてやられているはずです。これが強弱のリズムです。かつて学校時代にかったるそうにやらされていたラジオ体操ではなく、〝キビキビ・ラジオ体操〟が必要です。

それぞれの動作をきちんと強弱のリズムをつけてラジオ体操をすれば、これが立派なリラクゼーション・トレーニングになるのです。リラクゼーション・トレーニングと言っても、むずかしいことをする必要などまったくありません。

「シンプル・イズ・ベストですか？」

「そうです」

どんなシンプルな動作にも強弱のリズムがあります。たとえば、普通に立って、万歳の動作をしてみましょう。これは、手を上げる、手を下ろすというふたつの動作からなるものです。手を上げるときは腕に力を入れ、下ろすときは力を抜いて重力にまかせる。この動作を強弱のアクセントをつけて、繰り返すとリズムというものがわかってくると思います。

「なるほど、だからラジオ体操のあらゆる動作も強弱をつけてやるわけですね」

「そうです。リズムでメリハリを利かせてラジオ体操をしていると、スイングにもリズムのある動きが自然に出てきます」

「毎日やることが大切なんでしょうね」

「そう、毎日やることが大切なんです。悲しいかな、われわれ人間は、せっかく覚えた感覚も、これをくり返してやらないと忘れてしまう」

「毎日やることで、強弱のリズム感を体に刷り込み、運動の回路として大脳に記憶させてしまうのですね」

「そこまでわかれば、あなたもすぐに、リズム感あふれるスイングを会得《えとく》できるはずです。すると、腕をムチのように振るスイングができるようになります」

腕をブラブラさせるだけで緊張はときほぐされる

練習場に来る人をよく見ていると、たいていは準備運動や補助運動なしで、すぐにクラブを握って打席に立ちます。打ち終わったときも同様に、整理運動もせずにさっと終わる。体をいたわるなんて意識はまったくありません。それでは体がかわいそうです。

「じつは、私もそのひとりなんです」

「やはりね」

プレー前の準備運動では、体温を徐々に高めて、筋肉をほぐしたり、循環器機能をよくしていきます。

「準備運動も、プレーの一部だと考えましょう。準備運動をすることで、プレー感度を高めることができるのです。たとえば、プレーの前にラジオ体操をする。前に話したように、強弱のリズムを意識したラジオ体操をすることで、全身にリズム感を呼び覚ます。この全身のリズム感が、その後のプレーに、スコアによい影響をおよぼさないはずがありません」

リラクゼーションは、プレーの前後にするものばかりとはかぎりません。

野球ファンなら、往年の名投手・金田正一さんが、マウンド上で左腕を高く上げて、腕全体をブラブラ揺らしていたシーンが記憶にあるはずです。私も当時、彼はどうしてあんなことをしているのか不思議でした。彼は、あのようにすることで、腕に振動を与え、投球による遠心力によって、指先にたまった血液の循環をよくさせたり、硬くなった筋肉をもみほぐしていたのです。これも、リラクゼーション・トレーニングです。

「最近では、ベイスターズの工藤公康投手が攻守交代でマウンドから降りてくるとき、似たようなしぐさをしていますね」

「二人に共通するのは投手生命が長いということです。やはり、体への気配りが相当行き届いているわけです」

「なるほど、少しは見習おう」

「少しではなく、よいと思った点はどんどん見習ってください」

私は、バレーボールの学生選抜の試合などで選手を外国に連れていくときは、かならずプールのあるホテルに宿泊するようにしています。ぜいたくをさせるためではありません。午前中に練習をし、昼食をすませてからプールで泳がせる、というより遊ばせる。このときも、競って泳いだりしてはいけません。あくまでも、リクラゼーション・トレーニングです。その後、ひと休みして、試合会場に向かうのです。

こうすると、一週間以上にわたる海外遠征でも、選手に疲労がたまらず、故障者も出ません。しかし、プールのないところに連れていくと、選手は疲労がたまってしまい、思わぬケガをしたりするのです。

持っている技が最大限に発揮できる

私はかつて、高橋勝成プロや羽川豊プロなどが合宿をする際に、リラクゼーション・トレーニングを指導したことがあります。

彼らクラスになると、本当に素晴らしい技を持っているのです。筋力をゼロに近い状態にしてリラックスすれば、自在にその技を発揮できるのです。

私が指導したのは以下の四カ所でした。
①リラックスしているときとそうでないときでは、技はどう発揮され、どう違ってく

るのか。
②ゴルフにおいてはリズム感ということが非常に大切である。
③リラクゼーションにより力を抜くことで運動の回路が最高の状態で形づくられる。
④自分のボディイメージをつかむことで筋肉感覚が鋭くなる。

これらについて、彼らと一緒に歩いたり、走ったり、ゴルフをしながらトレーニングしました。

高橋プロは、トレーニング直後に行われたマッチプレー選手権で、ジャンボ尾崎プロとの最終ホールにまでもつれ込んだ壮絶な争いの末、見事に優勝しました。私のトレーニングがどれだけ優勝に貢献したかはわかりませんが、彼のあのときの優勝は自分のことのようにうれしかったものでした。

羽川プロはアメリカのマスターズで一五位になり、帰国後、もっと飛ばしたいとウエート・トレーニングを始めました。ウェート・トレーニングは筋肉を強化する運動であり、もちろんやることはよいことですが、これはリラクゼーション・トレーニングと組み合わせてやっていかなければなりません。そうしないと、筋肉と神経の感覚が鈍くなり、下手をするとイップスになってしまう恐れがあるのです。

彼の場合は、筋力トレーニングを徹底的にやったために、本来彼がもっていたパターの繊細さ、ショットの正確さといったことに狂いが生じ、あれこれ悩むようになってしまいました。私は、そんな苦境にあったときの羽川プロと出会い、リラクゼーションを取り入れたトレーニングを指導したのです。

「ゴルフのような、ある意味でメンタルなスポーツでは、リラクゼーション・トレーニングということが非常に大切なんですね」

「そういうこと。プロにして、こうなんですから。アマチュアの人もラジオ体操のような簡単なトレーニングでかまいませんので、是非、実践してもらいたいものです」

これからは、リラクゼーション・トレーニングはプレーの一部と考えて、少なくともプレーの前にはラジオ体操をする、プレー中は金田さんや工藤投手のように腕をブラブラさせて、腕の緊張をときほぐしてあげる。このようなちょっとしたリラクゼーション・トレーニングを実践するだけでも、あなたのスコアによい兆候が現れることは間違いありません。

「ケア・トレーニング」で飛ぶ筋力・パワーを長く保つ

ホールアウトしたら風呂場に直行、の間違い

スクワット運動などの強化トレーニング、そしてリラクゼーション・トレーニング。これらをバランスよく行うことで、飛距離は効率的にアップさせることができます。

しかし、運動の世界では常識のことがもうひとつ抜けています。プレー後のケア・トレーニングです。

朝から一日、コースをプレーした後、筋肉は硬く、縮んでいます。また、運動で生じた体内の乳酸がたまっています。

これをこのままにしておくと、筋肉痛となったり、疲れが残ったり、ということになります。

俗に言うストレッチやクールダウンといったトレーニングを行うことで、プレー前の状態に体を戻してやる——これをしないと、若々しい筋肉、感覚を長く維持し、飛距離をキープし、伸ばしていくことはできません。

ストレッチには「動的」と「静的」がある

これまでにご紹介してきた、リラクゼーション・トレーニングは、言うならば、「動的なストレッチ」に当たります。つまり、眠っている感覚を呼び覚まし、鋭くさせるトレーニングとも言えましょう。

プレー後に必要なのは、「静的なストレッチ」というべきものです。これは一般的に言う「ストレッチ」なのですが、どうも誤解されている面があるようで、プレー前や練習場での準備運動として行っている方を見かけます。

しかし、本当に効果的なのは、プレー後、筋肉を使った後なのです。数ある「静的なストレッチ」の中でも、とくにゴルフのプレー後にいいと思われるものをイラストに挙げました。

プレー後、すぐにも汗を流したい、風呂に入って、その後のビールが楽しみ、という気持ちもわからないではありませんが、風呂に浸かる前に行うようにしてください。

もうひとつ、他のスポーツでは常識となっていることなのに、ゴルファーに関して、ちょっと気になることがあります。それは、プレー後の入浴です。浴槽にどっぷりと、かなり長い時間浸かっている人がいます。

運動をする人の常識としては逆なのです。むしろ、一日のプレーで温度の高くなった筋肉をクールダウンするためにも、冷たいシャワーを浴びるほうがいいのです。こうすれば、疲れが翌日残るなんてことはありません。

かつては、プロ野球の投手が試合後にアイシングすることはありませんでした。温めている投手さえいました。肩を冷やしてはいけないと思われていたからです。いまは逆です。氷を当てて、冷やしているのです。

もっと飛ばすための「ケア・トレーニング」

☆簡単な静的ストレッチ——膝裏を伸ばす

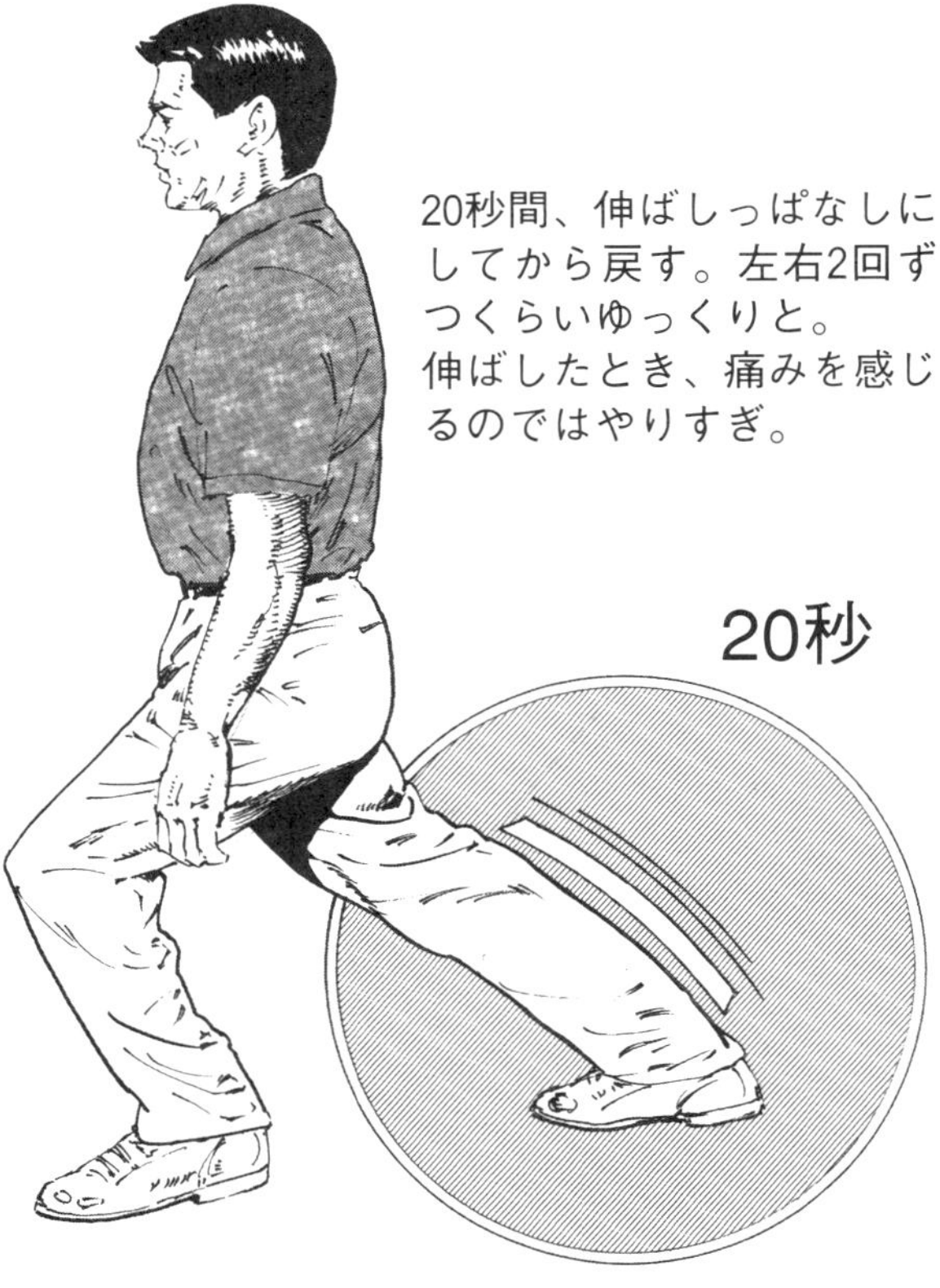
20秒間、伸ばしっぱなしにしてから戻す。左右2回ずつくらいゆっくりと。
伸ばしたとき、痛みを感じるのではやりすぎ。
20秒

「静的ストレッチ」とはプレーの後の疲労で縮んでいる筋肉を伸ばすのが目的。
入浴前にやれば疲れを残さない

もっと飛ばすための「ケア・トレーニング」

☆簡単な静的ストレッチ――背筋を伸ばす

左足を前に交差し、
右手が左斜め前下
にくるように体をひねる。
20秒間続けてゆっくり戻す
20秒

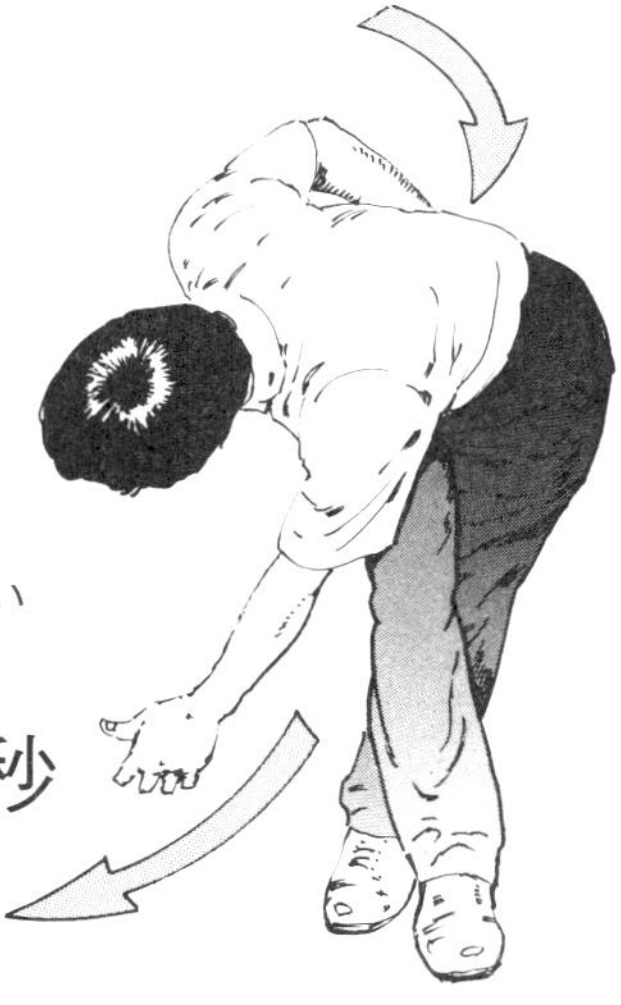
反対側も
20秒間続けて
ゆっくり戻す。
左右2回ずつくらい
行う
20秒

☆簡単な静的ストレッチ――肩・腕を伸ばす

肩より少し高い壁に
手を当て、ついた手が
動かないようにして
ゆっくり腰を落とし、
腕・肩を伸ばす。
20秒間続けて
ゆっくり戻す

左右2回ずつ
くらい行う

☆簡単な静的ストレッチ――肩を伸ばす

机に両手を当て、
腰をぐっと引き、肩を
伸ばす。20秒間
続けてゆっくり戻す

後ろ向きに机を両手を
当て、腰を前にぐっと
出し、肩を伸ばす。
20秒間続けて
ゆっくり戻す

〔四十肩、五十肩にさしかかるとき
の予防にもよい〕

もっと飛ばすための「ケア・トレーニング」

☆簡単な静的ストレッチ——首を伸ばす

(1)片手で頭を押し、左に曲げる。20秒間続けてゆっくり戻す。右側も同様に

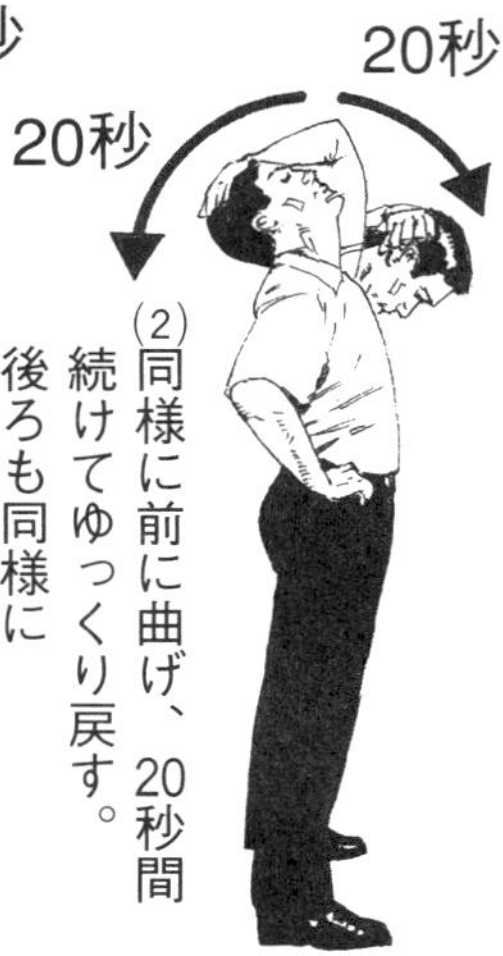

(2)同様に前に曲げ、20秒間続けてゆっくり戻す。後ろも同様に

(3)首を左まわりにゆっくり回す。右まわりも同様に

(1)(2)(3) 各ストレッチを2回ずつくらい行う

「メンタル・トレーニング」は飛びとも大関係

〝自己肯定カード〟をつけてみよう

「先生、私たちアマチュアは緊迫した試合にのぞむわけでもないので、メンタル・トレーニングなんて必要ないんじゃないですか？」

「そんなことはありません。アマチュアだって必要なんです。たとえば、しょっぱなの1番ティーでドライバーショットが悪ければ、それがずっと尾を引くことはありませんか？　3パットしようものなら、落ちこんでしまいませんか？」

「おっしゃる通りです」

「タイガー・ウッズは、ミスショットしたら五歩歩いて忘れることにしている、と言っています。彼はそのことを、メンタル・トレーニングである心理学者に教えられたそうです」

メンタル・トレーニングには二つの大きな要素があります。

ひとつは、自分自身をつねに肯定する、つねにいいイメージを追求するということです。タイガー・ウッズは、ミスショットは五歩歩いて忘れてしまい、次のショットに悪いイメージを引きずらない。あのミスはしかたがなかったんだ、きれいさっぱり忘れてしまう。そして「おれは上手いんだ」に戻るというのです。

さあ、今日から、自己肯定しながらゴルフをするようにしましょう。ミスったこと、失敗したことを、いつまでも引きずっていると、やがてそれは自己否定につながってしまいます。

「たしかに、私なんかのショットはミスの連続なんだから、ミスを引きずっていたらキリがありません。でも、ミスを引きずらない方法なんてあるんですか？」

「自己肯定スコアカードをお勧めします」

もっと飛ばすための「メンタル・トレーニング」

☆「自己肯定スコアカード」をつける

OUT

HOLE	1	2	3	4	5	6	7	8	9	OUT
PAR	4	3	5	4	3	4	4	5	4	36
CHAMPION TEE	417	182	535	342	215	413	433	531	371	3439
BACK TEE	386	167	503	313	190	394	402	500	350	3205
FRONT TEE	366	147	477	293	159	353	379	471	321	2966
LADY'S TEE	308	132	447	283	135	324	351	448	301	2729
	5	2	6	4	4	6	4	5	5	41
	1W	8m上り P		7I			アゴ バンカー			④
HDCP	11	17	1	7	15	5	9	3	13	

ATTESTED BY
（競技者署名）

結果はボギーだが
朝一番のドライバーが
ナイスショット

長いパットが
狙い通りに
打ててバーディ

2打目の7番アイアン
がピンにピタリ

深いバンカーから
上手く寄せられた

このハーフラウンドで
自己肯定が4打！

「自己肯定スコアカード！　どこで売っているんですか？」

「どこにも売ってはいません。私が実践しているスコアカードの活用法なのです」

私は、ふつうのスコアカードにいいことだけを記入することにしています。1番ホールでドライバーがナイスショットだったら、スコアカードに「1W」と、2番ホールがいいパットが入ってバーディで上がれたら「P（パター）」といったように「自己肯定」を書き入れる。そしてラウンドを終えてから、スコアとは別に「自己肯定」の数を数えます。今日は七つの自己肯定があった、次は自己肯定数を一〇に増やそうなどと、楽しい想像をするのです。

こんな私とは逆に、プレー後浴槽に浸かりながらも、「あそこでの池ポチャ、あそこでのトリプルボギー、あそこでのOB、ア～悔しい！」などと、ミスの記憶を新たにして何が得られるというのでしょうか。これでは、何のためにゴルフをしにきたのかわかりません。

自己肯定の数を増やそうと意識すれば、ゴルフはかならず上手くなります。強く意識することがゴルフ上達への第一歩なのです。

特別公開

「右手で球を投げる」から始める
新・飛ばしの育成プログラム

以下は、大学における実際のゴルフ実技指導を再現したものです。

第1章で「コーチ学」という考えを述べました。

私がこうしてゴルフの本を書いているのも「コーチ学」の理論に則《のっと》っているつもりです。

バレーボールの世界でも、あるチームの監督をしていて、二〇年後にやっと優勝できたとします。そして翌年、選手たちに「私は優勝チームを作り上げるまで二〇年かかった。次もまた二〇年間かかるからな」と言ったら、選手はみんな辞めてしまいます。二〇年間でつかんだチーム強化の法則をいかに早く同じように再現するか。これが指導の科学性であり、「コーチ学」なのです。

この考えに則ると、スイングの基本はゴルフボールを下から投げることにある。これが私の持論です。

とりわけ、初心者がゴルフのスイングというものを知るには、このボールを投げることから入っていくのがいちばんんです。それを、いきなり、両手で握るグリップを教え、トップの位置を教えて、さあ、素振りをしなさいと言う。こんな具合に始めるからボールに当てられない。ボールに当たらないから、スイングを手加減して当てようとする。そのために、思い切り振り抜くという、スイングのもっとも大事なことが身につかなくなってしまうのです。

ちなみに、私は右手でのゴルフボール投げから授業を始めます。

〈第一段階〉

①ゴルフボール一個だけを右手にもち、練習場打席に入る。

②マットに正体して（普通に打つような体勢で）立つ。両足は肩幅ほどの間隔に開く。

③野球の下手投げのように、ゴルフボールを前方の的（目標）に向かって投げる。

このとき、右腕をよく振り、きちんと体重を移動させて投げるようにする。これを二〇球ほど行う。

〈第二段階〉

①そのまま右手にボールがあるつもりで、右手一本でゴルフクラブ（ピッチングウェッジ）をもつ。ピッチングウェッジでなければ、7番アイアンでもよい。

②ゴルフクラブを右手でもつときは、シャフトと握手するようにもち、グリップを包むように握る。いわゆるベースボール・グリップ。

③左腕は使わないので、背中に回しておくか、右腕の上腕部に添えておく。

④〈第一段階〉の下手投げのように、右手一本でクラブを振り、クラブヘッドの重みを感じながらティーアップしたボールを打つ（弾く）。このとき、クラブヘッドは腰の高さまでくるくらいでいい。

これも、二〇球ほど行う。

私がまず言うことはこれだけですが、ここまでにはスイングの基本がすべて入っているのです。

「えっ、ゴルフボールは手にもって投げるんですか？」

「えっ、右手一本で打つんですか！」

ゴルフをしたことがない人でも、クラブは左右の手で握るくらいのことは知っています。それを右手一本で握りなさいと言われるのですから、驚くのが当たり前です。

じつは前にも述べたように、両手でグリップして打つほうが難しいのです。両手でグリップすると、左右別々の機能をもっている腕がひとつになることになります。これをコーディネーション（協応動作）と言うのですが、そもそも左右の腕の機能が違うのですからコントロールがうまくできません。

たとえば少し離れたクズカゴへ紙クズを投げ入れるときは、かならず片手、それも利き腕で下からそっと投げ入れようとしませんか。試しに両手でやってみてください。これではクズカゴのまわりがゴミだらけになります。

そのために私は、右手だけの、つまり右手主導のスイングで授業を始めるのです。ともかく、右手だけでボールを打たせる。そうすると、手を大きく振らないとボールは遠くまで転がらないことがわかります。

ボールを弾くことはどういうことかが実感できるのです。これがいちばん大事なのです。こうすることで、スイングとは右手主導で振るということも、自然に身についてきます。遠くへ飛ばすには、体をヒネって、スイングアークを大きくとらなければならないことがわかってきます。スイングアークの大小で、ボールの転がりが違うということがわかればいいのです。

そんなことをしていると、たまにはボールが勢いよく飛び出し、的へ命中します。右手だけでいい当たりができたのですから大喜びです。そのとき彼らは、力を抜いた素直なスイングが正確な軌道を描いてボールにヒットすることを感じとっているはずです。

こうして、スイングの基礎を感覚的として自然に覚えていくのです。

〈第三段階〉

①そのまま左手を右手に添え（左手親指がグリップのマークの上にくるくらいに）、いよいよ両手でゴルフクラブを握って打つ。このときも、振り上げたクラブヘッドは腰の高さまでくるくらいでいい。

②グリップエンドと体の間隔は、こぶし一つ半くらい空ける。

③クラブが地面につかない人は、上体ではなく、膝を曲げて調整する。膝の曲げ方がわからなければ、その場で軽くジャンプし、地面に降りたときの膝の角度くらいに

曲げる。

④〈第二段階〉のように、ティアップしたボールを打つ。

一球一球、ボールの位置と足を合わせること。

〈第四段階〉

①両手で通常の形でグリップを握り、アプローチ・ショットのように、左肩だけを支点にするイメージで（ワン・レバー・システム。レバーとはテコの支点のこと）。

②手首は使わず、腕の力を抜いて、まずは腰の高さくらいのハーフ・スイングで、ティーアップしたボールを打つ。

③ハーフ・スイングでボールを捉えられるようになったら、今度は左肩が左目と右足の間にくるくらいまで肩を回して、ワン・レバー・システムのままボールを打ってみる。

〈第五段階〉

①左肩とともに両手首も支点にして（ツー・レバー・システム）、ティーアップしたボールを打つ。あとは、クラブをボールに当てにいかず、「勇気を持って、振り切る！」

この右手主導で始める練習は、初心者だけに効用があるわけではありません。前に述べたように、これはスイングの基本ともいうべきものです。中級者、上級者も、自分のスイングに迷いが生じたときは、右手一本のスイングに立ち返ってみましょう。迷いの原因が明らかになるはずです。

☆飛ばしの育成プログラム〈第一段階〉

右手にゴルフボールを持ち、
的《まと》に向ってアンダースローで投げる

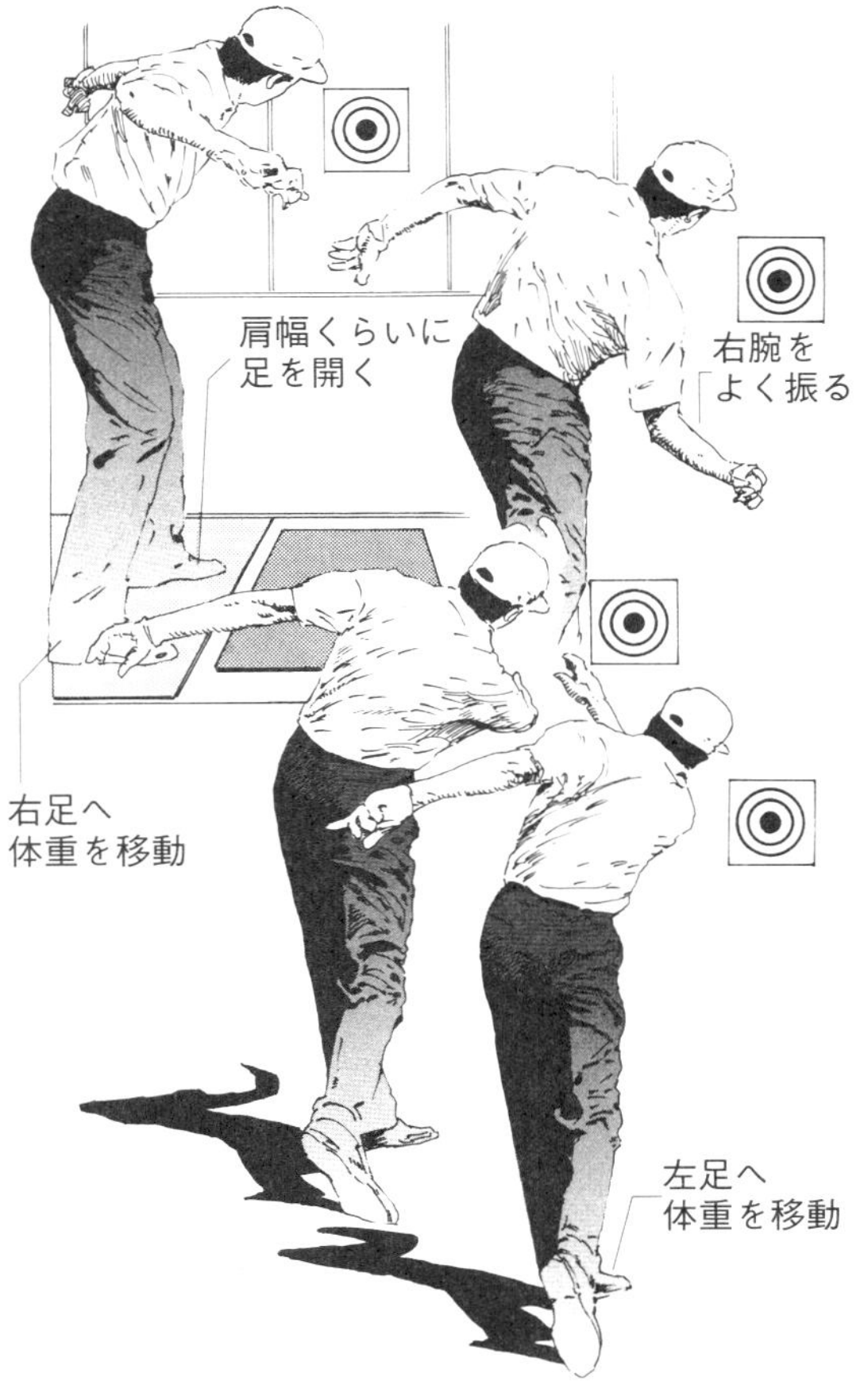
肩幅くらいに
足を開く
右腕を
よく振る
右足へ
体重を移動
左足へ
体重を移動

☆飛ばしの育成プログラム〈第二段階〉

右手1本でクラブを持ち、クラブヘッドの
重みを感じながらボールを打つ

左手は右上腕部に
添える
右手でシャフトと握手する
ように持ち、グリップを
包むように握る
〈第一段階〉のボールを
投げるのと同じタイミングで
スムーズに腕を振り、
ボールを弾き飛ばす
膝は伸ばさずに
曲げた角度を保つ

☆飛ばしの育成プログラム〈第三段階〉

左手を添えて、両手でクラブを持ち〈第二段階〉と同じようにボールを打つ

当てにいかずに思い切って振る
左手は親指だけグリップに添える
振り上げた手は腰の高さくらいまで
グリップエンドと体の間隔はこぶし1つ半くらい
膝を伸ばさずに曲げた角度を保つ

☆飛ばしの育成プログラム

〈第四段階〉

両手で通常のグリップをして左肩だけを支点にボールを打つ

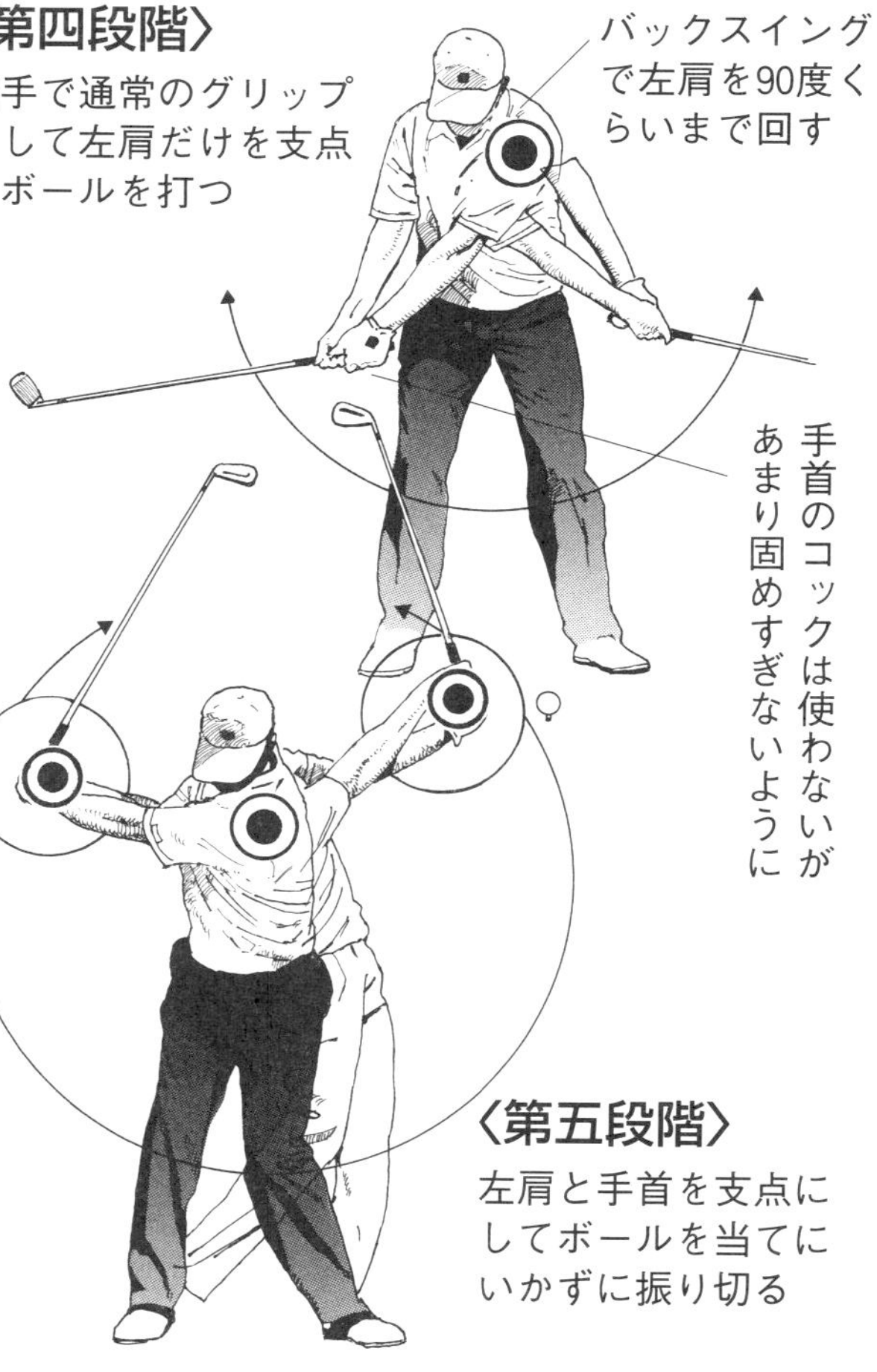
バックスイングで左肩を90度くらいまで回す
手首のコックは使わないがあまり固めすぎないように

〈第五段階〉

左肩と手首を支点にしてボールを当てにいかずに振り切る

おわりに

最後に、いつまでも楽しくゴルフを続けていただくために、ぜひとも知っておいていただきたいことがあります。

私は、二〇〇七年一二月のある寒い朝、自宅近くを歩いていて、突然、ギューッと心臓がしめつけられる症状に襲われました。激しい運動をした直後のような胸の苦しさです。幸い、しばらく休んでいると症状は治まり、無事、自宅に戻れました。その後も、年末にかけて二度ほど発作があったのですが、軽い症状だったので、たいしたことはないと高を括っていました。

そんな折、年も押し迫った一二月二九日。ゴルフ場でラウンドしていると、最終18番ホールの手前でまた発作に襲われたのです。

偶然、一緒にプレーしていた人の中に順天堂大学のお医者さんがいたため、すぐに系列病院に電話をし、翌日には診察を受けられる手はずを整えてくれました。

診断で梗塞が判明し、年末年始だったこともあって、年明け1月4日から検査入院。結果は心筋梗塞の一歩手前の狭心症で、心臓を取り巻く冠動脈に九〇%も詰まっている箇所が見つかりました。

その後、薬による治療を経て、順天堂大学医学部附属順天堂医院のベッドの空きを待って入院。三日後には鼠径部《そけいぶ》から血管にカテーテルを入れて梗塞を取り除き、詰まっていた箇所に金属性のステントを二本入れる手術をおこないました。

手術自体は二時間半程度。部分麻酔で、術前術後を通じて、まったくといっていいほど体に負担や痛みを感じないものでした。術後の経過も良好で、三日後には退院。その後の検査でもとくに問題はなく、約一カ月後には医者のお墨付きをえて、再びコースに出られるまでに回復しました。いまでは、とくに生活の制限はなく、体調もすこぶる良好です。

振り返ってみれば、発作が起こる半年くらい前から、首や肩のコリがあり（それまでコリなどとは無縁だった）、うがいをするときなどに顔が上げづらいと感じていました。それが最初のシグナルだったのでしょう。

その後、発作に見舞われても、なまじずっとスポーツをやってきて、大病をしたこともなく、毎年の健康診断でそれほど問題がなかったこともあり、自分の健康を過信していたところがありました。年末のゴルフ場で、たまたま医者とラウンドしていたからいいものの、そうでなかったら、大変なことになっていたかもしれません。

じつはゴルフは、ジョギングに次いで突然死が多いスポーツでもあります。ぜひとも読者のみなさんには、自分の健康を過信したり、素人判断したりせず、ちょっとおかしいなと感じたらすぐに病院にかかることを、強くお勧めします。

そして、いつまでも楽しくゴルフを続けられることを願っています。

川合武司

青春新書 PLAYBOOKS

人生を自由自在に活動《プレイ》する

人生の活動源として

いま要求される新しい気運は、最も現実的な生々しい時代に吐息する大衆の活力と活動源である。

文明はすべてを合理化し、自主的精神はますます衰退に瀕し、自由は奪われようとしている今日、プレイブックスに課せられた役割と必要は広く新鮮な願いとなろう。

いわゆる知識人にもとめる書物は数多く窺うまでもない。

本刊行は、在来の観念類型を打破し、謂わば現代生活の機能に即する潤滑油として、逞しい生命を吹込もうとするものである。

われわれの現状は、埃りと騒音に紛れ、雑踏に苛まれ、あくせく追われる仕事に、日々の不安は健全な精神生活を妨げる圧迫感となり、まさに現実はストレス症状を呈している。

プレイブックスは、それらすべてのうっ積を吹きとばし、自由闊達な活動力を培養し、勇気と自信を生みだす最も楽しいシリーズたらんことを、われわれは鋭意貫かんとするものである。

—創始者のことば— 小澤和一

読者のみなさんへ

この本をお読みになって、特に感銘をもたれたところや、ご不満のあるところなど、忌憚のないご意見を当編集部あてにお送りください。

また、わたくしどもでは、みなさんの斬新なアイディアをお聞きしたいと思っています。「私のアイディア」を生かしたいとお思いの方は、どしどしお寄せください。これからの企画にできるだけ反映させていきたいと考えています。

採用の分には、記念品を贈呈させていただきます。

なお、お寄せいただいた個人情報は編集企画のためにのみ利用させていただきます。

青春出版社 編集部

ゴルフ もっと飛《と》ばす運動法則《うんどうほうそく》 青春新書 PLAYBOOKS

2008年5月1日 第1刷
2008年7月25日 第2刷

著者 川合《かわい》 武司《たけし》

発行者 小澤源太郎

責任編集 株式会社プライム涌光

電話 編集部 03(3203)2850

発行所 東京都新宿区若松町12番1号 〒162-0056 株式会社青春出版社

電話 営業部 03(3207)1916 振替番号 00190-7-98602

印刷・堀内印刷 製本・誠幸堂

ISBN978-4-413-01890-6

青春新書 PLAYBOOKS

人生を自由自在に活動する――プレイブックス

書名	内容	著者	番号
仕事のうつがすっきり取れる本	職場のストレスが消える心の習慣	高田明和	P・863
ローマ人が描いた世界地図	その「覇権」の構図を読み解く	荒巻義雄	P・864
試験に合格する小論文の書き方	たったこれだけの速効ポイント	樋口裕一	P・865
全国訪問ルポ こんな介護施設を選びなさい	安心できる老いのための最重要ポイント	山井和則	P・866
改訂版 発毛・育毛に本当に効く新常識	あなたに合った毛髪剤選びから、日常のケアまで	武田克之	P・867
こんな温泉が体の疲れを癒してくれる	せっかく行くなら〝本物の温泉〟でなければ意味がない	井上毅一	P・868
【超難問！】アタマがめざめる脳力パズル	みるみる頭がスッキリする脳生理学からの面白刺激73問	大島清	P・869
国からもらえるお金がわかる本	〝届けを出す〟だけの給付金・支援制度100の方法	紀平正幸 村瀬由美	P・870
火事場の経済学	沈没寸前！この国に逃げ場はあるのか？	金子勝 青木雄二	P・871
「禁煙」科の医者が書いた7日でやめる本	長く吸ってる人ほどやめられる「がまんいらずの禁煙メソッド」	阿部眞弓	P・872
「株主優待」ではじめる㊢生活	2万円から買える厳選おすすめ50銘柄	矢葺哲也	P・873
七田式 頭が鋭くなる大人の算数ドリル	通勤電車で気軽に脳力アップ！	七田厚	P・874
40歳からの飛距離アップ・ストレッチ	高反発、低重心…クラブの進化を味方につける〝体づかい〟の新常識	山本忠雄	P・875
緊急警告 これから注意すべき地震・噴火	阪神・新潟・三宅…を予測した方程式が示す危機	木村政昭	P・876
【緊急改訂】大地震の前兆 こんな現象が危ない	動物・植物・気象・家電製品…に起こる兆候	池谷元伺	P・877
七田式 「脳」が元気になる大人の記憶力ドリル	もう、人の名前・言葉に詰まらない！	七田厚	P・878
ケータイ【殖える！貯まる！】裏ワザ術	年間5万円は楽に差がつく！	岩田昭男	P・879
仕事で差がつく！魔法の敬語集	2時間で身につく、仕事でモテる人の「言葉のツボ」！	唐沢明	P・880
決定版 身体意識を鍛える	閉じ込められた〝カラダのちから〟を呼び覚ます法	高岡英夫	P・881
「頼み方」&「断り方」にはツボがある！	仕事ができる！人間関係もうまくいく！	井垣利英	P・882
おいしく食べる新常識！食品保存の早ワザ・裏ワザ	鮮度バツグンで、無駄しらず！しかも、すぐに料理に使える258項	ホームライフセミナー〔編〕	P・883
ゴルフ超インパクトの法則	力を100%飛びに変える	永井延宏	P・884
男のマナー「接待」にはツボがある！	お互いの気配り、心配りを形にできますか？	城田美わ子	P・885

※以下続刊

お願い ページわりの関係からここでは一部の既刊本しか掲載してありません。折り込みの出版案内もご参考にご覧ください。